KB132066

융 학파의
꿈 해석 매뉴얼

James A. Hall 저 | 이창일 역

Jungian Dream Interpretation

학지사

역자 서문

1983년에 출간된 이 책의 원저는 『Jungian Dream Interpretation: A Handbook of Theory and Practice』(Toronto, Canada: INNER CITY BOOK, 1983)다. 이 책은 해당 출판사가 기획한 시리즈물인 「융 학파 분석가들의 융 심리학 연구서(Studies in Jungian Psychology by Jungian Analysts)」 가운데 하나다. 이 시리즈는 융 학파의 대표적인 분석가들이 융 심리학의 다양한 주제에 대하여 집필한 것이다. 우리말 책 제목은 좀 더 간략하게 『융 학파의 꿈 해석 매뉴얼』으로 정하였다.

저자인 제임스 홀(James A. Hall)은 융 학파 정신과 의사로서, 꿈을 통해 마음의 병으로 고통받는 이들을 치료하기 위해 꿈 해석 매뉴얼을 만들었다. 매뉴얼(manual)은 말뜻 그대로, 어떤 주제에 대해서 이런저런 정보들이 있으니 손 가까이에 두고 사용하라는 실용적인 의미를 담은 제목이다. 매뉴얼의 어근이 되는 'manus'가 손을 가리키는 라틴어이기도 하니, 매뉴얼은 핸드북(handbook)과 같은 말이다.

여행지의 매뉴얼이 좋아야 여행에서 얻는 즐거움이 클 것이다.

제임스 홀 박사도 마찬가지로 꿈의 매뉴얼을 통해서, 특히 심리치료에 종사하는 사람들이 꿈에 대한 훌륭한 매뉴얼을 가짐으로써 치료에 큰 도움을 얻기를 바라고 있다. 더욱이 꿈을 심리치료에 이용하는 전문 종사자들뿐 아니라 꿈의 의미를 알고 싶어 하는 사람들에게 융 학파에서 축적해 온 꿈에 관한 거의 모든 분야를 전달하고자 한다.

이 책이 가진 특별한 장점에 대해서 몇 가지 짚어야 할 것 같다. 매뉴얼은 본래 두꺼운 양을 자랑하는 책이 아니다. 그렇게 된다면 매뉴얼의 본래 취지가 사라진다. 하지만 좋은 정보가 많이 담겨야 한다. 그래서 매뉴얼의 역설이 생겨난다. 유익한 정보는 많을수록 좋지만 분량은 그와 정반대로 가야 한다.

저자는 분량을 줄이기 위해 융 학파가 연구해 온 꿈의 이론과 실제를 잘 요약하고 있다. 그런데 이 때문에 간혹 서술이 아카데믹하고 약간 개념적이게 된 것도 같다. 하지만 이는 많은 내용을 담기 위한 것이다. 융 학파의 꿈 해석에 대해 알고 싶은 우리로서는 내용이 더 늘어나고 풍부했으면 좋았을 테지만, 그렇다면 매뉴얼로 이용하기에 적절하지 않았을 것이다. 그래서 이 책의 장점은 요약에 있다. 대신 상세한 친절함은 줄어들었다. 이 때문에 역자는 보충 해설을 곳곳에 달아 두었다. 이 또한 내용이 너무 많으면 매뉴얼로 적절하지 않으므로 가급적 저자가 부록 형식으로 뒤에 정리한 내용들은 제외하고 꼭 필요한 부분만 해설하였다.

제임스 홀은 융이 그려 놓은 정신의 지도를 더 쉽게 파악할 수 있도록 정리해 준다. 꿈은 정신에서 생겨난 것이니 꿈을 이해하기 위해서 정신의 구조 파악은 필수 사항이다. 융 학파의 정신에 대한 개념은 몇 가지 잘 알려진 용어를 통해서 파악할 수 있다. 먼저 자아, 페르소나, 그림자 등이 있는데 저자는 이것들을 정체성의 구조라고 정리하였다. 그래서 이 용어들은 통상 우리가 '나'라고 하는 정체성을 구성한다.

꿈과 관련해서 깨어 있을 때의 일상적인 나는 '깨어 있는 자아'다. 이는 깨달음을 얻은 고차의 의식을 소유한 그런 자아가 아니라, 그냥 잠들지 않고 있는 일상의 자아를 가리킨다. 이러한 깨어 있는 자아가 잠이 들면, '꿈속 자아'가 된다. 자아가 마치 둘로 나뉜 것 같다. 자아는 잠들어 꿈을 꿀 때의 자아와 일상의 깨어 있을 때의 자아로 나뉜다. 그리고 페르소나는 사회생활 속에서 드러나 있는 우리의 정체성이다. 하지만 드러나는 것이 있으면 뒤로 움츠리고 숨는 것이 있듯이, 페르소나나 자아의 드러난 모습이 아닌 감추어진 모습이 있는데 이것이 그림자다. 이렇게 자아, 페르소나, 그림자가 자아의 정체성 구조를 이룬다.

그리고 융 학파의 독특한 용어인 아니마와 아니무스가 있다. 아니마와 아니무스는 성별에 따라서 나뉜 것이며, 성별로 구별하지 않는다면 보통 영혼이라고 부르는 것이다. 영혼은 본래 현대 심리학에서는 괄호 속에 넣고 잘 사용하지 않는 말이지만, 융 학파에서는 영혼에 새로운 이름을 붙여 주었다. 남자의 겉모습에 대해 그 내면은 반대의 성을 가진 영혼이 있으며, 이것이 아니마다. 여자의 경우는 그 반대로 아니무스가 있다. 저자는 이 용어들이 관계 구조를 보여 준다고 한다. 그런데 아니마와 아니무스는 의식이 아닌 무의식의 내용물이고, 개인의 고유한 삶에 담겨 있는 내용이 아니라 인간 모두가 가진 보편적인 성질을 지닌 것이다.

인간에게는 영혼이 있기 때문에 서로 연결될 수 있다. 영혼은 공통적이기 때문이다. 자아의 좁은 울타리에서 벗어나기 위해서는 새로운 관계를 찾아야 하며, 이는 새로운 사건이나 사람으로 형상화된다. 그래서 영혼을 찾는 사람들은 늘 새로운 관계에 목마르다. 이때 아니마와 아니무스는 새로운 인연, 즉 타인과 관계 맺는 능력을 발달시켜 주거나, 새로운 세계와 사건으로 인도해 준다. 이런 이유로 무의식이 투사된 인류 공통의 이야기인 신화와 전설에서 아니마와 아니무스는 안내자로 등장한다. 남자에게는 여성의 형태로 아니마가 나와서 그를 새로운 세계와 사건으로 이끈다. 여자에게는 반대로 남성의 형태인 아니무스가 미지의 세계와 사건을 만나게 해 준다.

자아의 울타리는 비록 좁지만 안전한 곳이고 행복도 맛볼 수 있는 곳이다. 우물 속같이 작은 집이지만, 더 큰 세계를 찾아 집을 떠나면 반드시 고생이 찾아온다. 그래서 아니마와 아니무스를 만나는 것은 고통과 고뇌를 동반한다. 만약 참을성이 없거나 조급하다면 새로운 경험은 고사하고 이전에 가진 것도 지키지 못할 것이다. 하지만 인내를 가지고 새로운 경험이 주는 고통을 받아들이고 그 의미를 발견한다면 더 성숙해질 수 있다. 여행을 마치고 집으로 귀환하는 영웅들은 처음부터 영웅이 아니었다. 평범한 이들이었다. 남성이 아니마를 만나고, 여성이 아니무스를 만나서 참다운 경험을 하면 성숙과 발달의 경지에 오르고, 좀 더 커진 자아를 가지게 된다. 이를 영웅이 되는 길, 즉 개성화 과정의 시작이라고 할 수 있다. 개성화란 점차 자신만의 고유한 의식을 가지고 세상의 다양한 경험을 통해서 원숙한 지혜를 얻는 것을 가리킨다.

저자는 꿈의 분석이란 자신의 내부에서 피어나는 새로운 경험을 받아들이고 발달과 성숙으로 가는 길이라고 본다. 무의식과 의식의 관계를 파악하고 무의식이 가진 엄청난 힘과 영향을 잘 인식하는 이른바 정신분석 패러다임을 공유하고 있지만, 프로이트 학파에서 말하는 꿈은 위장된 욕망의 표현이었다. 위장되어 그 형태를 알 수 없게 바꿔야만 하는, 사회와 문화, 외부 세계의 압력과 검열에 의해 왜곡된 형태로 표현되는 욕망의 내용을 해석하는 것이야 말로 이 학파의 목표다. 그러나 융 학파는 꿈이란 자연의 한 과정처럼 자연스럽게 생겨나는 것이며, 특히 무의식에서 의식으로 보낸 편지로 이해했다. 다만, 그 편지는 개봉되지 않아서 내용을 알 수 없고, 편지에 사용된 언어가 일상의 언어가 아니라서 해독하기 어렵다는 것이 문제가 될 뿐이다. 그래서 새로운 언어를 공부하듯 익히고 닦아 가다 보면 편지의 내용을 알 수 있다. 저자가 매뉴얼을 만든 이유가 여기에 있다.

저자는 꿈의 해석과 기법에 있어서 두 가지를 보여 준다.

첫 번째는 꿈에 자주 나오는 주제들의 심리학적 이해다. 아마도 우리 대부분은 이런 것에 기대가 크다. 꿈에 자동차가 나오면 이는 자아의 상징이고, 운전석에 앉으면 더욱 그러하며, 무언가 추진하는 일에 대한 것이라는 등 꿈은 현실에서처럼 온갖 사물이 모두 나오니 이에 대한 대응 리스트를 만들면 좋을 것이다. 하지만 실제 꿈

의 의미는 이처럼 일대일 대응만으로는 온전히 풀이할 수 없다. 꿈
꾼 사람의 정신이 어떻게 구성되었는지를 알아야만 그에 따른 해
석을 할 수 있는 것이다. 물론 저자도 주로 잘 나오는 꿈의 심리학
적 의미를 짧은 지면이지만 풍부하게 소개하고 있다. 또한 정신과
의사로서 임상 사례들을 글의 흐름에 맞게 제시한 것도 매우 흥미
롭다.

　두 번째는 저자의 통찰을 발휘한 내용이다. 이는 먼저 우리가 사
물을 바라볼 때 앞의 것에 집중하면 뒤에 것은 흐려지고, 뒤의 것에
집중하면 앞의 것이 흐려지는 광학 효과와 관련되어 있다. 그리고
모든 인식이란 집중에 의해서 획득되지만, 실제 집중의 배경을 이
루는 것들이 없다면 불가능하다. 예컨대, 연극에서는 조명을 비춘
무대에서 주인공이 독백을 하지만, 연극 전체는 배경을 이루는 사
소한 것에서부터 중대한 것까지 모두 갖추어야 이루어질 수 있다.
주인공은 물론이고 단역에서부터 조연들이 있어야 하며, 감독을
비롯한 온갖 분야의 스태프가 참여해야 한다. 더구나 연극 공연을
위한 극장과 관객 등이 고려되지 않을 수 없다.

　이처럼 개성화 과정을 경험하는 주인공은 깨어 있는 자아다. 깨
어 있는 자아가 집중된다면, 그 배경을 이루는 것은 꿈속 자아이며
꿈속 자아가 경험하는 꿈의 세계가 깨어 있는 자아가 이야기를 전
개시켜 나가도록 해 준다. 꿈이 진행되면서 꿈속 자아의 경험에 따
라 깨어 있는 자아는 깨어 있는 세계뿐 아니라, 꿈의 세계로까지 경
험을 넓혀 간다. 이는 꿈이 생겨나는 원천인 무의식의 소리를 듣는
것이며, 꿈을 통해서 깨어 있는 자아가 더욱더 주인공으로 이야기

를 만들어 나가는 것이다. 자신만의 이야기를 써 나가는 것이 개성
화 과정이라고 비유할 수 있다.

꿈속 자아든 깨어 있는 자아든 이 자아는 삶의 이야기의 주인공
이 되어야 하며, 이야기는 객관 세계에서 일어나는 모든 사건을 모
은 것처럼 객관 정신에서 일어나는 사건과도 같다. 객관 정신은 현
대 심리학은 물론이며 현대의 학문과 과학에서도 괄호 속에 넣고
돌아보고 싶어 하지 않는 주제다. 이것은 아니마와 아니무스가 인
간의 영혼이라고 한 것과 같이, 인간의 개별 영혼이 우주의 전체 영
혼을 반영하고 있다는 오래된 교설(敎說)이다. 인간은 이전부터 대
우주에 대해 소우주이며, 그의 영혼은 우주의 영혼이 거울처럼 비
친 것으로 생각되었다. 그래서 융 학파는 개성화의 궁극은 인간 스
스로가 주인공이 되어 객관 정신, 특히 자아의 원모습인 진아로 돌
아가는 것이며, 현실 속에서도 진아와 돈독한 관계, 둘 사이가 하나
의 축을 이루어 함께 공명하고 진행한다는 생각을 하고 있다. 이런
면에서 융 학파의 심리학은 지난 시기 철학과 종교 및 예술에서 논
의하던 고상한 형이상학적 담론을 심리학의 언어로 새롭게 단장한
것으로 보인다.

이런 점에서 저자는 융 심리학을 신비주의로 오인하게 만들어
왔던 연금술과 동시성 원리 등을 실제 분석 사례에서도 경험할 수
있는 흔한 사건으로 소개하고 있다. 이런 모습은 동시대 정신과 의
사의 페르소나를 넘어서는 것이며, 진정한 의미에서 융 학파 분석
가의 모습을 보여 주는 것이기도 하다.

이런 내용들 이외에도 융 학파의 여러 용어는 고정된 것이 아니

라, 실제의 경험 속에서 새롭게 해석될 수 있는 사실들도 전달해 주고 있어서 흥미롭다. 예컨대, 성별이 서로 다르다고 정의되어 온 아니마와 아니무스이지만 반드시 그런 것은 아니다. 그림자의 영향으로 오염된 아니마와 아니무스는 동성의 모습으로도 출현한다. 또한 그림자는 부정적인 것으로 알려져 있는데, 긍정적인 모습을 한 것도 꿈에서 많이 발견된다. 같은 형제자매나 일가친척의 모습을 빌려서 꿈에 나올 때가 그렇다.

저자는 융 심리학과 치료의 방향이 그렇듯이, 꿈이 점차로 성장하고 발달해 가는 인간 삶의 목적에 유용한 자원이 될 수 있다고 믿는다. 일상을 사는 깨어 있는 자아가 세상에 정해진 길, 주로 남들이 만들어 놓은 길을 따라 살면서 협소해진 인식으로 인해 신경증이 유발되지 않기 위해서는, 꿈속 자아가 경험하는 무의식의 세계에 대한 이야기가 통합되어야 한다고 보았다. 그래서 자신이 스스로 자신의 길을 만들어 가고, 삶 전체의 서판 위에 꿈에서 경험한 무의식의 이야기와 일상의 이야기를 합해서 새로운 이야기를 만들고 그림을 그려 나가는, 그렇게 해서 세상에 둘도 없는 너의 이야기를 만들어 가는 것이라고 보았다. 이는 아무도 가지 않은 길을 스스로 내어 앞으로 나가는 개성화의 길이다. 꿈은 그래서 나를 성장시켜 주는 친구와 같다. 깨어 있는 자아와 짝이 되어 나에게 길을 안내해 준다. 저자는 이런 꿈을 현명하지만 편파적이지 않은 친구로 불렀다. 하지만 꿈은 여전히 자신을 분명하게 드러내지 않는다. 다만, 늘 신비하게 내 주위에 머물면서 나를 끌어당겨 주고, 나에게 해를 끼치지 않을 것이라는 믿음을 주는 존재다.

　제임스 홀 박사의 이 책이 독자들에게 꿈의 이해를 위한 뜻깊은 길잡이가 되기를 바라며, 또 하나의 친구가 되어 개성화의 길을 가는 데 도움이 되기를 기원한다.

　마지막으로, 책을 옮기면서 꿈에 대한 강의에 참석하여 유익한 토론을 해 준 여러분과 융프렌즈 일원들의 친절한 도움을 잊을 수 없다. 출판을 위해 여러 사항을 해결해 주신 학지사 관계자 분들의 노고에 감사의 말씀을 드린다.

2023년 청계산 아래에서

이창일

저자 서문

나는 심리치료 일을 시작한 첫 두 해 동안 꿈 해석에 관한 여러 이론에 대해 중립적인 태도를 취하려고 하였다. 나는 모든 이론을 동등하게 여기면서, 임상적인 기준에 토대를 두고 각 이론의 장점과 단점을 구별할 수 있기를 바랐다. 어떤 꿈 해석 이론이 더 좋은지 내 안목에 따라 합리적으로 결정하기를 원했던 것이다.

경합하는 이론 가운데 두 가지 주요한 경쟁 이론이 있었는데, 이는 프로이트와 융의 꿈 해석 방식이었다. 내가 의학과 심리치료 훈련을 받을 당시에는 꿈이 언급될 때면 전적으로 프로이트의 이론만이 강조되곤 하였다. 듀크 대학교(Duke University)의 메디컬 센터에서 심리치료 레지던트 시절에 나는 설리번[1] 관점의 정신분석

---

1) (역자 주) 해리 스택 설리번(Harry Stack Sullivan, 1892~1949)은 미국의 정신과 의사다. 프로이트의 정신분석을 배웠으나, 조현병을 치료하면서, 인격의 발달과 정신 질환은 가족을 비롯한 사회적 대인관계의 역할이 크다는 것을 발견하고 인간성 존중, 대화적 관계를 중시하는 심리치료를 개척하였다. 이는 정신분석학의 여러 동향 가운데, 인본주의 경향과 실존주의 및 현상학적인 경향을 반영한 것이다. 설리번은 미국에서 집단심리치료와 가족치료의 발전에 큰 기여를 하였다. 대표 저술로 『The Interpersonal Theory of Psychiatry』(1953) 등이 있다. 『상담학 사전』(김춘경 외, 학지사, 2016) 참고.

을 따르는 빙엄 다이 박사님[2]에게 분석을 받았다. 그분은 꿈을 어린 시절 가족과 맺는 관계와 이 관계에 기초를 둔 자아 정체성의 측면에서 강조하였다.

나는 다이 박사님에게 75시간 분석을 받은 뒤에, 지금 생각하면 성급하게도 이런 말을 하였다. "저는 어머니 콤플렉스에 대해 이미 알고 있으니, 이것을 꿈속에서 다시 찾을 필요는 없습니다." 그는 머리로 '아는 것'과 살아 있는 지혜라는 의미에서 '아는 것' 사이의 차이를 알고 있었기에 부드럽게 미소 지었다(뒷날 나는 이 점에 대해 감사하게 되었다). 내가 듀크를 떠나 텍사스로 돌아갈 때 다이 박사님이 내게 해 준 마지막 조언은 이랬다. "조급하게 융의 이론에 너무 깊이 빠지지 말게나." 아마도 그는 뒷날 내가 융의 관점에 깊은 매력을 느끼게 되리라는 것을 알고 있었던 것 같다.

결국 나는 융의 관점을 잘 보존하고 있는 이론으로 꿈을 다루는 분석가가 되었다. 다양한 꿈 해석 이론은 융 학파의 관점을 구체적으로 적용한 사례들에 불과하다는 생각을 하였다. 비록 융의 폭넓은 관점을 잘 요약할 만한 능력이 부족하지만, 나는 점차로 확신을 가진 융 학파가 되었다.

내가 받은 융 학파의 분석 수련은 비유하자면 이제 막 꿈의 의미

---

2) (역자 주) 빙엄 다이(Bingham Dai, 1899~1996). 중국 태생으로 시카고 대학교에서 의학박사 학위를 받고, 북경 의대에서 가르치다가 일본을 피해 미국으로 건너와 듀크 대학교, 아팔라치안 대학교 등에서 강의하며 개업의로 활동하였다. 동양과 서양의 사상을 폭넓게 결합하려고 했으며, 인종 정체성에 대한 연구에 기여하였다(https://www.appstate.edu/).

를 알려 준 초등학교 선생님 같은 존재였다. 그래서 나는 나를 분석해 주신 분석가 분들께 지금도 여전히 감사하고 있다. 리브카 샤르프 클루거,[3] 디터 바우만,[4] 마리-루이제 폰 프란츠,[5] 에드워드 휘트먼트,[6] 이 모든 선생님께 감사드린다. 나는 임상에서 수년 동안 많은 내담자를 만나면서 신뢰할 만한 사례들을 경험하였다. 이미 나는 꿈 해석의 기초를 다룬『꿈의 임상적 이용: 융 학파의 해석과 규칙들』을 출간한 적이 있다. 이 책에서 나는 융 학파의 꿈 이론과 그 밖의 여러 중요한 학파가 가진 이론 간의 차이점과 유사점을 서로 비교하였다. 또한 융 학파의 꿈 이론을 수면과 꿈에 대한 실험연구에 연결시키려는 참신한 연구들도 언급하였다.

지금 이 책은 이런 여러 비교 연구에 관한 세세한 검토를 하기보다는 곧바로 꿈 해석에 대한 실제적인 조언과 융 심리학의 기본 원리에 입각한 활용법을 다루고 있다. 나는 반복되는 임상적 문제들

---

3) (역자 주) 리브카 샤르프 클루거(Rivkah Scharf Kluger, 1907~1987). 독일 태생으로 스위스에서 활동한 융의 제자이자 분석심리학자. 종교학 박사로서 융 연구소에서 심리학과 종교를 가르치고, 후일 LA에서 활동하였다. 저서로『구약성서의 사탄(Satan in the Old Testament)』,『정신과 성경(Psyche and Bible)』등이 있다.

4) (역자 주) 디터 바우만(Dieter Baumann, 1928~). 스위스 태생의 의학박사다. 융의 외손자이며 융의 심리치료를 널리 소개하였다.

5) (역자 주) 마리-루이제 폰 프란츠(Maire-Louise von Franz, 1915~1998). 스위스의 분석심리학자. 융의 제자이자 동료 연구자로서, 융 심리학의 정통적인 해설자이며 특히 민담, 동화, 신화 등의 해석과 연금술 문헌에 정통하였다.

6) (역자 주) 에드워드 휘트먼트(Edward Whitmont, 1912~1998). 빈 태생의 의학 박사다. 미국으로 건너와서 융의 심리치료를 미국에 소개하고, 뉴욕에 융 연구소를 개설하여 융 심리학을 널리 알렸다. 저서로『상징적 탐구(The Symbolic Quest)』,『꿈, 근원으로 가는 문(Dream, a Portal to the Source)』등이 있다.

을 조명하였다. 정확히 어떤 해석이 왜 더 좋은가에 대한 사례와 논점들을 제시하고, 여러 사례에서 어떻게 이 해석들이 임상적 변화와 관련되는가에 대한 증거를 제시하였다. 몇 가지 유용한 참고문헌을 제시했지만, 이 또한 꿈 해석에 관한 방대한 문헌을 검토하면서 사람들을 지치게 하려는 뜻은 전혀 없다.

꿈 해석을 위한 일반적인 규칙들을 제시할 수도 있지만, 물샐 틈 없는 규칙을 만드는 것은 실제로 불가능하다. 숙련된 수련 감독자의 지도를 받으면서 진행되는 개인 분석이나 실제적인 임상 경험을 대신할 만한 것은 없을 것이다. 이는 어떤 학파의 정신분석 수련에서도 본질적인 사항이다.

임상 사례들을 보여 주기 위해 여기서 인용된 꿈들은 실제 분석 시간에 진행되었던 꿈의 확충 내용 전부를 싣지는 않았다. 또한 대부분의 경우 나는 분석을 하는 동안 꿈에 들어 있는 사적인 의미가 담긴 맥락을 모두 보여 주지 않았다. 이렇게 생략을 한 이유는 그 편이 더 간결하며, 예시되는 임상적 문제에 집중할 수 있기 때문이다.

책에 실린 모든 꿈은 꿈꾼 이들의 허락을 받은 것이다. 하지만 종종 꿈들은 유사한 주제와 형태를 가지고 다른 사람들에게서도 나타난다. 이런 이유로 혹시 내게 분석을 받는 분들은 어떤 꿈이 자기 꿈이라고 생각하거나, 꿈에 대한 설명을 자기 꿈에 대한 것이라고 생각하지 않기를 바란다. 이 꿈들은 융 학파의 분석에 따른 풍부한 맥락에서 나온 것이며, 구체적인 사례의 증거로 삼기 위해 제시되었을 뿐이다.

차례

01
융 심리학의 기초 개념

융 은 정신(psyche)의 상이한 부분들, 즉 의식
과 무의식을 설명하기 위해 특별한 용어를
사용했다. 이 개념들은 많은 임상 자료를 경험적으로 관찰하면서
생겨난 것이다. 이 중에는 융의 초기 연구인 단어연상검사가 포함
된다. 이 검사는 거짓말 탐지기의 기초가 되었고, 심리학적 콤플렉
스의 개념에 선구가 되었다. 융은 프로이트의『꿈의 해석』(1900)을
처음 읽었을 당시에 이미 단어연상검사를 깊이 연구하고 있었다.

융의 개념을 몇 가지 범주로 구분하는 것은 유용하다. 하지만 그
러한 구분은 자의적인 것에 불과하며, 서술과 논의의 편리함 때문
이라는 것을 염두에 두어야 한다. 말하자면, 살아 있는 정신 속에서
다양한 수준과 다양한 구조는 하나로 조직화되어 있는 전체로서
기능한다. 두 가지 기본적인 지형을 말할 수 있다. 이는 의식과 무

의식이다. 무의식은 또 개인 무의식과 객관 정신(objective psyche)으로 구분된다. 융은 객관 정신을 초기에는 '집단 무의식'이라고 불렀다. 이 용어는 융의 이론을 논의할 때 지금도 널리 사용되고 있다. 객관 정신이라는 용어는 인류의 다양한 집단과 혼동되는 것을 피하기 위해 도입된 것이다. 융이 특별히 강조하고 싶은 것은 인간 정신의 깊이는 외부의 '실재하는' 세계처럼 객관적으로 실재하고 있다는 것이었기 때문이다.[1]

그래서 정신에는 네 개의 수준이 있다.

① '개인 의식(personal consciousness)' (일상의 자각)
② '개인 무의식(personal unconscious)' (한 개인의 정신에 속하지만 의식적이지는 않음)
③ '객관 정신' 또는 '집단 무의식' (인류 안에 보편적인 구조를 가지고 있음)

---

1) (역자 주) 정신은 보통 주관적 정신과 객관적 정신으로 구분할 수 있다. 주관적 정신은 개개인의 저마다 서로 다른 내용들을 가지고 있고, 반면 객관적 정신은 개인적이지 않은 공통적으로 일치하는 내용들을 가지고 있다. 동서양의 전통 시기에 객관적 정신은 내면에 깃든 '영혼'을 가리키는 것이었다. 그러나 과학의 시대가 오자 이러한 영혼은 실증할 수 없는 것으로 판단 중지의 대상이 되어서, 더 이상 논의하지 않고 카펫 밑으로 덮어 두었다. 초기 심리학도 이를 인정하여 정신은 의식을 내용을 가진 주관적 정신만을 가리키게 되었다. 그러나 정신분석 패러다임이 생겨나고, 의식 말고도 무의식의 세계가 재발견되어서 기존의 주관적 정신과 더불어 객관적 정신이 다시 제기되었다. 특히 융의 심리학은 정신의 구조 가운데 무의식의 구조로서, 페르소나, 아니마(아니무스), 원형(다수), 진아 등을 체계화하였다. 이후 현대 심리학은 객관 정신의 존재를 인정하고 있는 편이다. 트랜스퍼스널 심리학이 대표적이다.

④ '집단 의식(collective consciousness)' (공유된 가치와 형식을 지닌 외부의 문화 세계)

이 기본적인 지형 구분 안에 일반적이고 특별한 구조들이 존재한다. 일반적 구조는 두 가지 형태를 가지고 있다. '원형적 이미지'와 '콤플렉스'다. 특별한 구조는 의식과 무의식의 개인적 부분들이다. 이것도 네 개가 있다. 자아, 페르소나, 그림자, 아니마와 아니무스 쌍 등이다. 객관 정신에는 원형과 원형적 이미지가 있다. 이들의 수는 정확하게 말할 수 없다. 하지만 하나의 주목할 만한 원형인 '진아[2]'가 있다. 진아는 질서의 중심적인 원형이라고 말할 수 있을 것이다.

일반적 구조

콤플렉스는 하나의 공통된 정서적 색조를 띠고 있는 관련된 이미지들이 무리를 이루고 있는 것이다. 융은 정서적으로 색조를 띠고 있는 콤플렉스를 단어연상검사에서 실수를 저지르거나 늦게 반응하는 피험자의 연상들에서 보이는 규칙성에 주목해서 발견했다.

---

2) (역자 주) 진아(眞我, Self). 이 책에서 ego는 '자아'로, Self는 기존 번역어인 '자기' 대신에 '진아'로 옮긴다. '일상의 나'인 자아의 본체에 해당하는 '참된 나'의 뜻을 살리고, '자아'와 운을 맞춘 것이다.

융은 각 피험자에게 이 연상들은 특정한 주제의 주위로 무리를 짓는 경향이 있다는 것을 발견했다. 예를 들면, 어머니에 대한 주제의 주위로 무리를 지어 생겨나는 부자연스러운 연상은 '어머니 콤플렉스'라고 할 수 있다. 콤플렉스라는 용어는 엄밀한 학술 용어로 시작되었으나, 이제는 일상의 문화 속에 자리 잡아 사용된 지가 오래되었다. 콤플렉스들은 개인 무의식의 기초 내용물이다.

원형적 이미지들은 객관 정신의 기초 내용물이다. 원형들 자체는 직접적으로 관찰되지 않는다. 하지만 자기장(磁氣場)처럼 마음의 볼 수 있는 내용물들, 즉 원형적 이미지들이나 의인화되거나 이미지로 된 콤플렉스들에 미치는 영향력에 의해서 식별될 수 있다. 원형 그 자체는 특별한 형태로 우리 경험의 이미지들을 구성하는 일종의 경향성이다. 그러나 원형이 이미지 그 자체는 아니다. 원형이라는 개념을 논의할 때 융은 그것을 포화 용액 속에 있는 결정 형성에 연결시켰다. 즉, 어떤 특별한 결정의 격자 구조는 어떤 원리(원형)를 따른다. 반면, 어떤 특별한 결정이 취하게 될 실제적인 형태(원형적 이미지)는 미리 예측될 수 없다. 모든 사람은 어떤 이미지를 형성하는 경향성을 가지고 태어난다. 하지만 이미지 자체를 가지고 태어나지는 않는다. 인간의 보편적인 경향성이라고 할 수 있다. 예를 들자면, 어머니의 이미지를 형성할 수 있는 경향성이 있으며 각 개인들은 이러한 보편적인 인간의 원형에 기초를 두고서 개별적인 어머니의 이미지를 형성한다.

원형적 이미지들은 개별적 정신의 경험을 축적한 토대 위에서 원형의 활동에 의해 형성된 근본적이고 심원한 이미지다. 원형적 이미지들은 종종 신성한 감정적 특성을 보이는 훨씬 더 보편적이고 일반화된 의미를 가지고 있다는 점에서 콤플렉스들의 이미지와 다르다. 오랜 시간 동안 수많은 사람에게 의미를 가지고 있는 원형적 이미지는 문화적으로 집단 의식 속에 새겨지는 경향이 있다. 문화 형태를 띤 예는 왕과 왕비, 성녀 마리아, 예수와 붓다 같은 종교적 형상의 이미지다. 많은 집단적 형상과 상황은 평소에는 누구도 투사라고 알아채지 못한 채로 원형적 이미지를 내포하고 있다. 어떤 대통령이나 왕, 영화계 스타나 종교 지도자와 같은 공적인 인물이 갑작스럽게 죽거나 살해당한 뒤에 생겨나는 강한 정서적 반응은 많은 사람에게 그 개별적인 인물이 어떤 원형적 투사를 내포하고 있음을 보여 준다.

반복되어 일어나는 인간의 경험(탄생, 죽음, 섹스, 결혼, 적대적인 힘 간의 갈등 등)도 원형적 기초를 가지고 있다. 원형도 진화해 온 것이기는 하지만, 매우 천천히 변화하기 때문에 실제적인 목적을 위해서 원형들은 역사적 시간 내에서 거의 고정 불변하는 것이라고 간주될 수 있다.

융의 모델에서 '진아'는 전체 정신의 균형을 잡는 중심이다. 그에 비해 자아는 오직 개인 의식의 중심일 뿐이다. 진아는 실제적으로 정신의 장(場)을 조화로 이끌며 질서를 부여하는 중심이다. 그것은 덧붙이자면 개인의 자아 정체성을 찍어 내는 일종의 원형적 형판(型板)이다. 더 나아가 진아라는 용어는 전체로서의 정신을 가리킬 때 사용되기도 한다. 그래서 진아에는 세 가지 구별되는 의미가 있다.

① 전체로서의 정신(하나의 단위로 기능함)
② 질서의 중심적 원형(자아의 관점에서 보았을 때)
③ 자아의 원형적 기초

진아는 자아보다 훨씬 더 포괄적인 존재이기 때문에, 자아가 진아를 지각할 때는 상위의 가치를 지닌 상징의 형태를 띤다. 신의 이미지, 태양계의 중심인 태양, 원자의 중심인 원자핵 등 진아를 경험할 때 갖는 정서적인 색조는 종종 신성하거나 매혹적이고 경외감을 불러일으킨다. 진아를 경험한 자아는 스스로를 어떤 엄청난 힘의 대상이 된 것처럼 느낀다. 자아가 불안정할 때 진아는 확신을 가져다주는 질서의 상징으로 나타나며 종종 만다라의 형태를 띤다. 만다라는 네 부분으로 나뉜 원이나 원 안에 사각형이 그려져 분명한 주변과 중심을 가진 모양으로 되어 있는데, 그 모양은 끝없이 정교한 모습을 띨 수 있다. 동양의 종교 전통에서 만다라 장식들은 종종 신의 이미지를 포함하고, 명상 수련에 이용된다. 진아는 임상적으로 예증될 수 있는 것의 경계선에 존재하고 있기 때문에 융의 구조적 개념들 가운데 최소한으로 경험적인 것이지만, 그것은 묘사할 수 없는 것을 심리학적으로 묘사하는 데 유용한 용어다. 현상학적으로 보자면 진아는 전통적으로 신으로 불려 왔던 것과 사실상 구별되지 않는다.

개인 정신과 객관 정신 사이의 관계

　정신에서 우리의 기준점은 자아 콤플렉스다. 이는 우리가 일인
칭 단수 '나'를 사용할 때면 항상 가리키는 그 구조다. 하지만 정신
의 개인적인 층들은 객관 정신 혹은 집단 무의식 속에 있는 원형적
토대에 의존한다. 의식과 무의식의 개인적 영역은 객관 정신의 모
체(母體)로부터 발전되고, 어떤 심오하고 유기적인 형태로 정신의
더 깊은 이 영역들과 지속적으로 연결되어 있다. 그런데 발달된 자
아는 자신을 정신의 중심으로 착각하는 피치 못하는 경향을 보여
주기도 한다.

　정신의 더 깊은 층들의 활동은 인간의 보편적 경험인 꿈을 꿀 때
확실히 경험되며, 급성 정신병에서 과도한 형태로 드러나기도 한
다. 융 심리학의 관점에 입각한 집중적인 분석 과정에서, 분석받은
내담자는 자아의 개성화 과정을 진전해 나가는 중에 경험적으로
객관 정신이 본질적인 도움을 주는 모종의 느낌을 받는다. 어떤 내
담자들은 '적극적 명상'3) 기법을 배우게 되는데, 이를 통해 깨어 있
는 현실 상태에서 이러한 정신의 깊은 층에 의도적으로 접촉할 수
있다.

---

3) (역자 주) 적극적 명상(active imagination)은 '적극적 상상'이라고도 하며, 융 학파에
　서 꿈 분석과 더불어 무의식의 내용을 파악하는 방법이다. 상세한 내용은 『융의 적극
　적 명상-당신의 영혼을 만나는 방법』(Barbara Hannah 저, 이창일, 차마리 역, 학지
　사, 2019)을 참고.

구조적인 의미에서 (의식적이거나 무의식적인) 개인 영역 안에 있는 각 콤플렉스는 객관 정신의 원형적 모체의 토대에서 형성된다. 모든 콤플렉스의 핵심에는 하나의 원형이 있다. 자아는 진아의 원형적 핵심의 토대에서 형성된다. 즉, 개인적 어머니 콤플렉스의 배후에는 위대한 어머니[4] 원형이 있다. 아버지와 어머니의 이미지는 그 중심에 신성한 부모라는 원형적 이미지를 가지고 있다. 또한 그림자나 여러 페르소나 역할에도 깊은 원형적 근거가 있다. 원형적 형태는 나뉠 수 있는 형태들이 결합되어 있는 것도 있다. 예컨대, **히에로스 가모스**(hieros gamos, 신성한 결혼)는 서로 반대되는 것들이 합일하는 이미지에 해당한다. 정신의 원형적 층은 개인적 수준에서 화합이 불가능한 내용들을 효과적으로 합일시키는 상징을 형성하는 힘을 가지고 있다. 화합하는 상징들을 만들어 내는 객관 정신의 이 힘을 **초월적 기능**[5]이라고 부른다. 왜냐하면 그것은 상반된 것들의 의식적 긴장을 초월할 수 있기 때문이다. 이 과정에서 갈등들은 사라지기보다는 오히려 초월되거나 상대적으로 되는 것이다.

---

4) (역자 주) 위대한 어머니(Great Mother)의 원형은 두 가지 반대되는 성격을 가지고 있다. 긍정적으로 그것은 천상의 속성을 지니고, 자식의 발달과 성숙을 돕는 성모(聖母)의 원형이지만, 부정적으로는 지상과 지하의 속성을 지닌 대지모(大地母)로서 자식의 발달과 성숙을 억제하여 궁극적으로 자궁으로 회귀시키려는 태모(太母)의 원형을 보여 준다. 심리적으로 미숙한 성인은 태모의 콤플렉스와 이 근원인 태모 원형에 사로잡혀 있는 경우가 많다.

5) (역자 주) 초월적 기능(transcendental function). 현실에서는 양립하기 어려운 갈등을 그 갈등이 놓여 있는 근거를 초월한 새로운 위상에서 현재의 갈등을 해소하거나 중재하는 무의식의 기능을 가리킨다. 흔히 상징의 출현이나 동시성 사건의 발생을 통해서 나타난다. 일상의 인식으로 이것은 기적적인 일로 해석되어 왔다.

개인 정신에서 각 콤플렉스는 객관 정신의 원형적 토대에 의존하기 때문에, 어떤 콤플렉스가 충분히 깊게 간파된다면 원형적 연상을 드러낼 것이다. 융 학파에서 하는 대부분의 분석 기술은 치유의 방법으로 자아가 원형적 세계와 연결되는 경험을 할 수 있는 지점까지 이미지들을 확충시키는 데 있다. 하지만 자아가 합일되지 않은 채로 원형적 내용물이 가득 찬 바다 속으로 빠지게 되는 것은 아니다. 예를 들어, 만일 자아가 진아와 연결되는 경험을 할 수 있다면 자아와 진아의 축(axis)이 형성되고 이후 자아는 정신의 바로 그 핵심과 연결되어 있다는 지속적인 느낌을 가지게 된다. 하지만 약한 자아나 발달되지 못한 자아가 이런 경험을 한다면 진아에 동화되어 버릴 수도 있다. 그렇게 되면 정신이 팽창되고 의식은 어떤 분명한 입지점을 상실하거나, 더욱 나쁘게는 일시적인 정신병에 걸리는 일이 생긴다. LSD[6]나 실로시빈[7]과 같은 향정신성 약물

---

6) (역자 주) 리세르그산 디에틸아미드(Lysergic acid Diethylamide: LSD)는 1938년 스위스 산도스 사 약리연구소의 호프만(Hoffmann) 박사가 맥각균(麥角菌, Claviceps purpurea, 호밀, 보리, 귀리 등의 벼과 식물의 씨방에 기생하는 세균)에서 합성한 물질이다. 속어로 acid라고 하며, 약효가 매우 강력하여(1회 사용량은 100~200마이크로그램) 코카인의 100배, 메스암페타민의 300배에 달하는 효과를 나타낸다. 시각, 촉각, 청각 등의 감각을 왜곡시키는 강력한 환각 효과를 경험하게 되며, 기분 좋은 경험을 할 수 있는 환각경험(trip)을 할 수도 있지만, 극심한 공포, 불안, 두려움이 나타나는 환각을 경험(bad trip)할 수도 있다. 환각 효과는 복용 후 30분 이후부터 6~8시간 지속된다. LSD의 사용에 따르는 특별한 신체 변화나 내성 혹은 금단증상은 특별히 보고되지 않았다. 그러나 공포를 느끼게 하는 환각이 나타날 때는 실질적인 범죄행위와 연결되는 위험요소를 가지고 있다. 또한 LSD 사용을 중단한 이후에는 장기화된 정신이상 증세, 공포감 등이 나타날 수도 있다. LSD로 인한 신체 변화는 그리 뚜렷하지는 않지만 의존자의 뇌와 염색체에 손상을 일으키고, 동공확대, 심박동과 혈압의 상승,

을 복용했을 때 '신이 되는' 빈번한 경험은 약을 복용한 자아가 진
아 속에 원형적 핵심을 두고 겪는 경험이다.[8] 그러나 이는 자아와
진아 사이의 안정된 축을 수립할 수 있는 현실의 충분한 토대가 결
여된 것이다.

콤플렉스와 원형

각 콤플렉스는 그 본질에 있어서 원형적인 의미의 중심 핵 주위
에 형성되어 있는 관련 이미지의 무리다. 콤플렉스를 처음 알아채
면, 정신의 이 원형적 잠재성은 개인적 경험으로 가득 채워져 있어
서, 성인 자아는 의식적이고 주관적 내용물들이 단지 과거의 개인
적 경험들의 총합에 불과하다는 것을 깨닫는다. 발달된 자아가 콤
플렉스들의 진정한 원형적 토대를 경험할 수 있는 것은 분석을 받
을 때나, 꿈속에 있을 때나, 혹은 매우 격정적인 정서적 경험을 할

수전증, 오한 등의 증상이 나타난다. LSD는 사람뿐만 아니라 동물에게도 강력한 효
과를 나타낸다. 이 약물 때문에 고양이가 쥐를 무서워할 수도 있고, 거미가 거미집을
제대로 짓지 못하기도 한다. 『상담학 사전』참고.

7) (역자 주) 실로시빈(psilocybin). 멕시코산(産) 버섯에서 얻는 환각 유발 물질이다.

8) (역자 주) 이 때문에 트랜스퍼스널 심리학에서는 한때 LSD를 이용한 초월경험을 통
해 자아발달을 의도하는 전략을 취하기도 했다. 그로프(Stanislav Grof, 1931~)가
대표적이다. 하지만 현재는 약물의 위험성 때문에 홀로트로픽 호흡법(Holotropic
Breathing Method)을 통해 유사한 경험을 유발시킨다. 『자아초월심리학과 정신의
학』(Scotton 외 공저, 김명권 외 공역, 학지사, 2008, p. 123) 참고.

때다. 분석을 받으면서 이러한 자각을 촉진하기 위해서 많은 이미지 기법이 이용될 수 있다. 유도된 상상,[9] 게슈탈트 기법,[10] 그림 그리기, 찰흙으로 만들기, 춤추기, 모래놀이, 최면 치료 기법, 혹은 가장 순수한 형태인 적극적 명상 등이 있다. 곧바로 자아를 향상시키는 개성화 과정을 위해서는 늘 이러한 활동에서 나타나는 객관 정신의 내용물을 지향하는 자세를 취해야 한다. '마법사의 제자'처럼 미숙하게 내용물들을 불러내는 정도로는 안 된다.

각 콤플렉스는 원형적 모체 속에서 개인적 이미지들을 가지고 있기 때문에, 항상 개인적 연상이 콤플렉스의 핵심이라고 잘못 알게 될 위험이 있다. 이는 순전히 어린 시절의 경험들에 입각해서 현재의 갈등을 분석하는 것이며, 단지 환원적 분석에 불과한 것이다. 이와 반대로 이미지들에 대해 과도하게 원형적인 확충을 한다면 원형들에 관한 몇 가지 이해를 얻을 수는 있겠지만, 개인적 정신과 객관 정신 사이의 치료적 관계를 놓치게 될지도 모른다.

융이 개념화한 다양한 심리적 구조 사이의 역동적 상호작용을

---

9) (역자 주) 지시된 사고 및 암시를 따라 펼치는 상상을 통해서 심신을 이완시키고 몰입 상태로 만들어 나가는 기법이다. 이를 통해 정서 및 사고 과정의 통제력을 경험할 수 있고, 혈압 안정, 스트레스 관련 질환, 체중조절, 금연, 통증조절 등에 긍정적인 효과를 보여 준다. 『상담학 사전』 참고.

10) (역자 주) 프리츠 펄스(F. Perls), 로라 펄스(L. Perls), 폴 굿맨(P. Goodman) 등이 1940~1950년대에 걸쳐 개발한 게슈탈트(Gestalt) 심리치료에 토대를 둔 기법이다. 지금—여기에 대한 인식과 개인과 환경 간 접촉의 질을 강조하고, 내담자가 알아차리지 못하는 내담자의 전(全) 인간(신체적 움직임, 정서적 일치, 언어)에 주의를 모으는 알아차림의 증진이다. 이를 위해 연극, 춤, 동작, 미술 등 다양한 예술적 전략을 포함한 창의적인 기법을 많이 사용한다. 『상담학 사전』 참고.

더 잘 이해하기 위해서, 이 구조를 두 가지 범주로 나누는 것이 도움이 된다. 이는 '정체성 구조'와 '관계 구조'라는 범주다. 자아와 그림자는 무엇보다도 정체성 구조들이다. 반면에 페르소나와 아니마 혹은 아니무스는 본래 관계 구조들이다. 자연스러운 개성화 과정에서는 일단 세계 속에서 스스로를 확립하는 강하고 믿을 만한 자아를 형성하려는 욕구가 있는 것 같다. 이어서 타인들과 자신이 존재하는 집단 문화와 관계를 맺는 임무가 따른다. 보통 인생의 후반부에 이르러서야 자아는 집단 문화와 개인 정신의 배후에 있는 원형적 힘들과 관계를 맺으려는 욕구를 경험한다. 이 욕구는 종종 이른바 중년의 위기라고 불리는 것으로 드러난다.

정체성 구조: 자아와 그림자

기본적 자아 정체성은 아주 이른 시기에 형성된다. 처음에는 어머니와 아이의 유대에서 시작되고, 가족 단위로 확장되며, 이어서 계속 커져 가는 문화적 환경을 포함하면서 확장된다. 자아 정체성의 과정에서 개인의 어떤 내적인 활동과 경향은 어머니나 가족들에게 인정될 수 있으나, 다른 활동과 경향은 부정적인 가치로 평가되어 거절될 것이다. 배변 훈련의 위기는 자라나는 아이의 자아 정체성이 아이가 의존하고 있는 타인의 호오(好惡)에 따라 형성되는 훨씬 더 미묘한 상호작용을 설명해 준다. 가족들에게 거절된 경향과 충동들은 단순히 사라지는 것이 아니다. 이것들은 개인 무의식

의 표면 아래에 변형된 자아 이미지로 모여들어 무리를 짓는 경향
이 있다. 이 변형된 자아는 융이 그림자라고 이름 붙인 것이다. 상
반된 것들 중의 한 부분이 의식의 '빛' 아래로 나올 때, 거절된 다른
부분은 은유적으로 무의식의 '그림자' 속으로 들어가기 때문이다.

그림자의 내용물이나 특성들은 잠재적으로 보면 발달하는 자아
의 부분이었기 때문에, 개인의 정체감을 포함한다. 하지만 이는 거
절되거나 인정될 수 없는 종류의 감정이며, 종종 죄의식이라는 감
정과 연결된다. 그림자는 초기의 발달 과정에서 주도적인 자아 정
체성에서 역동적으로 분리된 것이기 때문에 의식적 삶의 어떤 몫
을 요구하기 위해서 되돌아올 가능성이 있는데, 이것이 불안을 유
발한다. 심리치료와 분석에서 하는 정해진 작업이란 대부분은 그
림자의 내용물을 다시 탐색하기 위한 안전한 장소를 만들어 내서,
이전에 자아를 형성할 때 일찍 '분열'되어서 버려졌던 것을 가능한
한 많이 통합하는 것이다. 어린 시절에 분리된 정신의 자연스러운
여러 속성은 건강한 성인으로 기능하기 위해서 실제로 필요하다.
예를 들어, 공격 충동과 성 충동이 종종 분리된다. 어린 시절에 이
를 표현하면 적절하지 않거나 문화적으로 받아들여지지 않으며 부
모들에게 두통거리가 되기 때문이다. 하지만 이것들은 정상적인
성인의 인격에 본질적인 특성들이다. 이 특성들은 아이의 미성숙
한 자아 구조로는 감당할 수 없는 형식으로 성인의 인격 안에서 조
절되고 통합될 수 있다. 다른 특성들, 심지어는 타고난 지성을 쉽게
표현하는 일조차 그림자로 분리될 수 있다.

그림자 내용물의 의식적 통합은 자아의 활동 영역을 넓히고 이

전에 이 그림자 특성들의 분리와 억압을 유지하는 데 필요했던 에너지를 방출하는 두 가지 효과를 가지고 있다. 개인은 종종 이를 새로운 인생을 시작하는 것으로 경험한다.

그림자는 잠재적으로 자아이기 때문에, 남자에게는 남자이고 여자에게는 여자인 것처럼 자아와 동일한 성별을 가지는 경향이 있다. 더불어 그림자는 꿈이나 환상에서 의인화될 때, 동일한 성별의 인물들에 투사되는 것으로 발견된다. 종종 이 인물들은 자신의 두드러진 이미지로 충분히 발달되지 않은 특성을 가졌기 때문에 혐오하거나 선망하는 존재들이다.

관계 구조: 아니마, 아니무스, 페르소나

그림자 부분의 동화를 통해서 형성된 향상된 자아 정체성은 다른 것들과 관계를 맺고자 하는 욕구에 훨씬 더 명확히 직면하게 된다. 즉, 이 욕구는 타인들과 관계를 맺고자 하는 것이며, 집단 의식으로 이루어진 세계라는 '개인을 초월한' 문화와 '개인을 초월한' 객관 정신의 원형적 내용물 등과 관계를 맺으려는 것이다. 이 관계의 과제를 용이하게 하는 두 가지 구조적 형식이 아니마 혹은 아니무스, 페르소나다.

자아의 성적 정체성에 부적절한 것으로 문화적으로 정의되는 특성들은 그림자라는 변형된 자아에서조차도 배제되고, 그 대신에 반대의 성적 이미지 주위로 배열되는 경향이 있다. 이는 여자의 정신에 있는 남성적 이미지(아니무스)와 남자의 정신에 있는 여성적 이미지(아니마)를 가리킨다. 융은 이러한 이미지들을 자신의 내담자들이 가진 꿈과 환상 속에서 관찰하였다. 융은 여기서 이 이미지들이 중요성을 띠고 있기 때문에 그것들과 소원해지는 것은 원시적 문화에서 '영혼의 상실'로 묘사했던 느낌을 불러올 수 있다는 것을 깨달았던 것이다.

　아니마나 아니무스가 경험되는 보통의 방식은 반대되는 성을 가진 사람에게 하는 투사에서 볼 수 있다. 그림자의 투사와 달리 아니마나 아니무스의 투사는 투사된 형상 속에 있는 아니마나 아니무스를 '싣고 있는' 사람에게 어떤 매혹적인 성질을 부여한다. '사랑에 빠지는 것'은 남자와 여자 사이에 아니마와 아니무스가 서로 투사하는 고전적인 사례다. 서로 투사를 하는 동안 소중하게 느끼는 감정은 투사된 형상 속에 있는 영혼의 이미지를 나타내는 사람이 눈앞에 있는 것만으로도 고조된다. 그러나 그 관계가 유지되지 않는다면 그에 상응해서 영혼의 상실과 공허감이 초래된다. 이 투사 국면은 한 사람의 정신 속에 있는 영혼의 이미지를 다른 사람에게 옮겨 놓은 무의식적인 동일시이지만, 항상 시간이 제한되어 있다. 말하자면, 투사의 국면은 다양한 정도의 적대감을 동반하며 결국은 끝이 나게 되어 있다. 실제로 존재하는 사람이라면 그 누구도 투사된 영혼의 이미지를 좇아 환상적인 기대만으로 살 수는 없기 때문이다. 그리고 투사의 말미에는 다른 사람과 실제로 진정한 관계를 맺어야 하는 과제가 따른다.

　정신의 구조로 보자면, 투사일지라도 아니마와 아니무스의 영혼

이미지는 의식의 개인 영역을 넓히는 기능을 가지고 있다. 이들의 매혹은 자아에 생기를 부여해서 아직 통합되어 본 적이 없었던 존재 방식으로 향해 가도록 해 준다. 투사를 거둘 때 만일 투사된 내용물들의 통합이 수반된다면 반드시 더 큰 각성이 찾아온다. 투사를 거두었는데도 만일 투사된 아니마나 아니무스가 통합되지 않으면, 그 과정은 또다시 누군가에게 반복되어 일어날 것이다.

아니마나 아니무스의 정신 내적인 기능, 즉 개인 안에서의 그 역할은 그것이 투사된 형태에서 작동하는 방식과 유사하다. 이를테면 개인이 기능하는 익숙한 방식을 벗어나게 만들고, 그 자신에 대한 지평을 넓혀서 보다 더 포괄적인 자기 이해를 향해 움직일 수 있도록 용기를 불어넣는 것이다. 이 정신 내적 기능은 여러 꿈속에서 나올 수도 있고, 융이 자주 인용하는 빅토리아 시대의 소설 『그녀(She)』와 같은 예술 작품에서 볼 수도 있다.[11] 소설 『녹색 장원(Green Mansions)』에 등장하는 새 모습을 한 여인 리마(Rima)는 좀 덜 복잡한 예다.[12] 레오나르도 다 빈치의 그림 〈모나리자〉는 신비

---

11) (역자 주) 라이더 해거드(Rider Haggard, 1856~1925)의 소설이다. 그는 영국 근대 모험소설의 대표주자로, 현대 어드벤처 소설이나 영화에서 볼 수 있는 스토리의 원류가 된다. 『그녀(She)』는 우리나라에서는 『동굴의 여왕』으로 소개되었다. 주인공 레오는 스물다섯 살이 되어 아프리카로 모험을 떠나는데, 2,300년 전에 동굴의 여왕에게 살해당한 레오의 선조의 원한을 갚기 위한 것이다. 동굴의 여왕 앗샤는 아름다운 불멸의 여인이며, 그녀에게 불복종하면 무조건 죽는다. 앗샤는 레오가 2,300년 전에 죽었던 자신의 남편이 환생한 것이라고 믿고, 영생을 원하지만 결국 자멸해서 미라로 변한다. 신비롭고 매력적이나 사악한 아니마의 전형적인 모습을 보여 주고 있다. 『동굴의 여왕』(Rider Haggard 저, 김지혜 역, 영언문화사, 2003) 참고.

하고 수수께끼 같은 매력을 지닌 아니마의 한 가지 형상을 포착한다. 반면,『폭풍의 언덕』에 등장하는 히스클리프는 아니무스의 전형적인 모습이다. 오펜바흐의 위대한 오페라『호프만 이야기(Tales of Hoffmann)』는 다양한 아니마 형상과 그녀들의 치명적인 매력을 통합하는 어려움을 잘 다루고 있다.[13]

아니마나 아니무스의 이미지는 무의식적 구조이며, 개인 무의식과 객관 정신의 바로 그 경계에 있으며, 본질적으로 추상적이기 때문에 실제적인 사람의 미묘한 성질이나 뉘앙스가 결여되어 있다. 이런 이유로 어떤 남자가 자신의 아니마와 동일시하거나 어떤 여자가 자신의 아니무스와 동일시하면, 의식적 인격은 분별력을 잃거나 상반된 것들의 복잡한 상호작용을 다루는 능력을 상실한다.

융이 어린 시절 살았던 전통 유럽 문화에서 남자의 아니마는 그의 통합되지 않은 정서적 측면을 의미하는 경향이 있었다. 그래서

---

12) (역자 주) 영국의 소설가 윌리엄 헨리 허드슨(W. H. Hudson, 1841~1922)의 소설이다. 베네수엘라 남동부에 위치한 기아나 밀림을 배경으로 정치적 탄압을 피해 도피한 젊은이 아벨(Abel)과 원시부족의 마지막 후예라고 할 수 있는 리마 사이의 이루어질 수 없는 사랑을 다루고 있다. 리마는 무지개 빛깔의 머릿결과 거미줄로 엮은 옷, 그리고 새들과 대화할 수 있는 신비한 능력을 가진 소녀로 그려지고 있다.『낯선 문학 가깝게 보기: 영미문학』(이영기 외, 인문과 교양, 2013) 관련 항목 참고.

13) (역자 주) 오펜바흐(Jacques Offenbach, 1819~1880)는 독일 태생의 프랑스의 오페라 작곡가이다. 풍자적인 희극 오페레타(소형의 오페라)들을 무대에 올려 인기를 끌었고,『호프만 이야기』가 유작으로 남긴 유일한 오페라다.『호프만 이야기』는 독일 낭만주의 문학의 대표적인 작가 호프만(E. T. A. Hoffmann, 1776~1822)이 남긴 소설을 토대로 대본을 쓴 것이다. 주인공의 회상 형식으로 허영과 관능에 치우친 얼빠진 사랑과 성숙한 사랑의 어려움을 보여 주고 있다.『두산백과』관련 항목 참고.

성숙하고 통합된 감정보다는 어떤 감상적인 모습을 나타냈던 것 같다. 마찬가지로, 전통적으로 여자의 아니무스는 논리적으로 정식화된 위상보다는 세속이 따르는 의견을 고수하는 사고방식에 담긴 어떤 발달되지 못한 사고나 지성으로 드러났던 것 같다.

이러한 역사적이고 문화적인 판에 박힌 관념들과 영혼의 형상이라는 아니마와 아니무스의 기능적 역할을 혼동하지 않는 것이 매우 중요하다. 남자와 여자가 종전의 전통과 다른 역할을 받아들이는 문화적 자유가 점점 증가함에 따라, 아니마와 아니무스의 일반적인 내용이나 외형은 실로 변하고 있다. 하지만 길잡이나 '저승의 안내자'와 같은 본질적인 역할은 융이 처음 묘사한 것처럼 여전히 명확하게 남아 있다. 아니마나 아니무스의 부분적 통합은 그림자의 통합처럼 완벽할 수는 없지만, 영혼의 다른 측면뿐 아니라 타인과 맺는 복잡한 관계를 다룰 수 있는 개인의 능력에 매우 큰 도움을 준다.

페르소나는 외부의 집단 세계와 관계를 맺는 기능이다. 페르소나라는 용어는 '가면'을 가리키는 희랍어에서 온 것이다. 희랍의 연극에서는 희극적이고 비극적인 장면을 강조하기 위해 가면을 썼다. 어떤 문화에서든지 승인된 사회적 역할이 있다. 예컨대, 아버지, 어머니, 남편, 아내, 의사, 성직자, 변호사 등의 역할은 일반적으로 특정한 문화 속에서 기대되거나 받아들여질 수 있는 방식으로 기능하게 해 준다. 일반적으로 여기에는 옷을 입는 어떤 스타일이나 행동거지까지도 포함되어 있다. 발달하는 자아는 다양한 역할을 선택해서 주요한 자아 정체성 안으로 많건 적건 간에 이것들을 통합한다. 어떤 페르소나가 역할을 잘할 때, 즉 자아의 능력을 진정으로 반영할 때 정상적인 사회적 상호작용을 촉진한다. 흰색 가운을 입은 의사는 심리학적으로 보면 의학 전문가라는 페르소나를 '입은' 사람이다. 예를 들면, 내담자에게 필요하지만 신체의 민감한 부분을 다룰 때는 짐짓 당황스러울 수 있는 검사일지라도 이런 페르소나를 갖춘 사람이라면 아무런 의심도 받지 않고 쉽게 이를 수행할 자격을 가질 수 있다. 의사의 역(逆)페르소나는 내담자의 페르소나라고 할 수 있다. 우스갯소리처럼 들리지만 이 페르소나를 입으면 의사들이 곤혹스럽게 여기는 상황, 곧 '의사들도 아플까'라는 생각을 자연스럽게 하는 존재가 된다.

건강한 자아는 주어진 상황의 적절한 요구에 따라 다른 페르소나 역할들에 거의 성공적으로 적응할 수 있다. 반대로 그림자는 너무 개인적이고 내가 '소유'하고 있는 어떤 것이다. 하지만 가끔씩 그림자가 자아를 완전히 소유하기도 한다. 종종 심리치료가 개입되어야 하는 페르소나의 기능 불량 상태가 있다. 다음의 세 가지가 가장 두드러진 경우다.

① 페르소나의 과도한 발달
② 페르소나의 부적절한 발달
③ 페르소나와 동일시(자아가 주요한 사회적 역할과 동일시하는 잘못된 경우)

페르소나의 과도한 발달은 사회적 역할로 꽉 차 있지만 '내면'에는 진정한 인간이 없다고 느껴지는 인격을 낳을 수 있다. 충분히 발달하지 못한 페르소나는 거절이나 상처받을 만한 일에 몹시 취약하거나, 그와 관련된 사람들에게 완전히 휘둘리는 인격을 낳는다. 개인이나 집단 형식의 심리치료는 이런 상태들을 바로잡는 데 큰 도움이 된다.

페르소나와 전적으로 동일시하는 것은 사회적 페르소나의 역할과 분리될 수 없는 자아의 처지에 어떤 불충분한 감정이 있는 것이라서 매우 심각한 문제가 될 수 있다. 그래서 사회적 역할을 위협하는 것은 어떤 것이라도 자아 자체의 통합을 직접적으로 위협하는 것으로 경험한다. '빈 둥지 증후군(empty nest syndrome, 자식이 집을 떠난 후 겪게 되는 권태감과 우울)'은 부모 역할의 페르소나와 과도한 동일시를 폭로하는 것으로 남자와 여자 모두에게 일어날 수 있다. 일할 때는 느끼지 못하지만 일을 하지 않을 때 공허감이나 상실감을 느끼는 사람은 일하는 데 적절하지 않은 페르소나 혹은 직업을 선택한 채 살고 있기 때문이며, 정체성과 적성에 대한 더 폭넓은 느낌을 기르는 데 실패해서 그렇게 된 것이다. 페르소나와 동일시함으로 인해 생겨난 문제는 상당히 심각해서, 이를 다루기 위해 분석과 심리치료가 필요한 경우가 매우 많다.

개성화 과정

개성화는 융 이론의 중심 개념이다. 그것은 실제적 삶을 사는 한 개인이 의식적으로 자신의 정신이 지닌 타고난 개인적 잠재성을 이해해서 발전시키려고 하는 과정을 가리킨다. 원형의 가능성은 너무 광대하기 때문에, 어떤 개별적인 개성화 과정은 내적으로 가능한 한 모든 것을 성취하려고 하면 반드시 실패할 수밖에 없다. 그러므로 중요한 요인은 성취의 총량이 아니라 인격이 자아 중심적이고 자기도취적인 경향들을 단순히 추종하거나, 집단적 문화의 역할과 동일시하는 것 대신에 자신만이 가진 더 깊은 잠재성들에 충실한지 어떤지 그 여부에 있는 것이다.

자아는 더 광대한 개성화 과정과 조화를 이루지 않고 있는 개인 무의식 속의 구조와 동일시할 수 있다. 이는 빈번히 신경증의 원인이 된다. 신경증은 분열되어 있다는 느낌이며, 반응과 감정이 결코 일치하지 못하는 것이다. 유년기에 맡겨진 가족 구성원의 한 역할에 머무른 채 그 역할을 하면서 사는 것은 삶의 단계를 통과하는 과제를 회피하는 시도이며, 자신을 어린 시절의 발달 수준에 고정시키는 것이다. 이로 인해 어떤 신경증적인 분열이 생겨날 수 있다.

자아는 집단 영역에서 부여된 역할과 동일시하게 된 결과, 개성화 과정과의 접촉을 상실할 수도 있다. 말하자면 자아는 '집단 무의식'의 역할들 속에서 어떤 원형과 동일시를 해서 팽창되거나, '집단 의식'에서 부여되는 것, 즉 가치는 있을지라도 개인의 운명에는 진실하지 못한 사회적 역할과 동일시할 수도 있다. 어떤 사회적 역할과 동일시하는 것은 페르소나와 동일시하는 것이며, 이것은 비록 그 역할이 사회의 넓은 부분에서 인정되거나 큰 보상을 받게 되더라도 개성화는 아니다. 융은 히틀러와 무솔리니의 경우가 집단 무의식의 형상과 동일시한 사례라고 생각했다. 이 때문에 그들 자신

은 물론이고 모든 나라를 비극으로 몰아넣었다.[14]

객관 정신(집단 무의식)의 어떤 원형적 역할과 극단적으로 동일시를 하게 되면, 자아보다 훨씬 더 크거나 아주 인간적이지 않은 형상과 정신병적인 동일시를 하는 결과를 초래한다. 그리스도, 나폴레옹, '세계를 낳은 어머니' 등과 같은 문화적 영웅이나 구세주 형상과 같은 원형적 동일시는 자아의 착란으로 이어진다. 부정적 동일시일지라도 원형적인 균형을 이루는 경우도 있다. 예를 들면, 모든 것을 용서할 수 있는 신의 권능에 자신을 올려놓고서, 자신은 '용서받을 수 없는 죄'를 지었다고 느끼는 정신병적인 우울증을 가진 사람에게서 이런 일종의 균형을 볼 수 있다. 하지만 이는 부정적인 자아팽창의 사례다.

성공적이거나 전형적인 개성화 과정을 묘사하는 것은 어렵다. 왜냐하면 각각의 개인은 개성화 과정의 유일한 경우로 간주되어야 하기 때문이다. 하지만 특별한 '표준'들을 말할 수는 있다. 예컨대, 태양의 운행에 빗대어 삶의 전반부 동안에는 명확함과 정확함을 향해 상승하고 삶의 후반부에는 죽음을 향해 하강하는 것처럼 개성화 과정을 말할 수도 있다.[15] 하지만 이러한 일반화가 항상 옳은 것은 아니다. 분석 과정과 같이 개인들에 좀 더 가까이 밀착해서 구체적인 상황을 살펴보았을 때는 예외적인 것들이 보인다.

---

14) "Wotan," "After the Catastrophe," in Civilization in Transition, CW 10.

15) Jolande Jacobi, The Way of Individuation, trans. R. F. C. Hull (London: Hodder and Stoughton, 1967).

　융은 개성화 과정이 분석 심리학의 중심적인 개념이라고 강조하면서, 유일무이한 인간 삶의 심원한 중요성과 가치에 관해 명확하게 말했다. 인간의 삶에서 이러한 최우선적인 급선무는 위대한 세계적 종교들에서도 반복되어 온 것이다. 하지만 현대의 여러 대중 운동에서는 이런 특성이 결여되어 있다. 여기서 개인은 하나의 사회적·정치적·군사적 단위로 환원되어 있다. 이런 의미에서 개성화는 과학기술이나 이데올로기의 토대 위에 극단적으로 조직되어 있는 현대 세계에서 인간의 가치가 상실되는 위협적인 상황에 맞서서 그 대척점에 놓일 유일한 대안이 될 수 있다.

　융은 평생토록 종교적 경험에 대해 지대한 관심을 나타내었다. 그는 동양의 종교들을 연구하였고, 연금술을 정통적 주류에서 벗어난 하나의 종교적이고 심리학적인 실천으로 이해했으며, 여전히 서구의 기독교 전통 속에서 실행되어 오고 있는 의례의 변형 양상을 탐구했다. 진아는 현상학적으로 신성을 연상시켜 왔던 동일한 이미지로 출현하기 때문에, 정신 안에서 어느 정도까지는 신의 이미지로 기능한다. 이러한 신의 심리학적 이미지와 신학적인 사변을 통해 신이라고 언급해 왔던 신에 대한 이론 간에는 소통되기 어려운 관계가 지속되고 있지만, 이는 하나의 열린 질문이 되어서 계속해서 참다운 답변을 기다리는 중이다. 꿈에서 얻은 신성한 경험의 의미가 개인의 인격에 동화된다면, 종교적 귀의의 경험이나 일상의 삶 속에서 겪을 수 있는 절정 경험을 통해 생겨나는 효과에 비교할 수 있을 정도로 인격의 구조에 깊고 지속적인 변형을 낳을 수 있다.

개성화 과정에는 의식을 주관하는 '자아라는 중심'과 정신의 전체를 신비롭게 조절하는 '진아라는 중심' 간의 지속적인 대화가 반드시 필요하다. 진아가 자아의 핵심이면서 이를 초월해서 존재하고 있음을 반드시 알아야 한다. 또한 개성과 과정은 융이 체계화한 심리학을 이해하고 실제적인 분석을 통해 확신을 얻어야 도달할 수 있으며, 분리와 독립을 통해 스스로를 전개시킬 수 있는 자아를 필요로 하는 과정이기도 하다. 우리는 진아의 본성을 모른다. 그것은 정신의 활동에 대한 관찰을 논의하기 위해 설정한 개념이지만 직접적인 해명이 가능한 그런 존재는 전혀 아니다.

융 학파의 분석을 '성공적'으로 받게 된다면 결국에 가서는 정신의 본성이 얼마나 신비로운지를 깊이 이해할 수 있을 것이다. 정신은 가깝고 친밀하지만 나라는 개인을 초월해 있고, 개인의 자아에 묶여 있는 것 같지만 경험할 수 있는 인격보다 시간과 공간으로부터 훨씬 더 자유로운 것 같다. 우리는 이 정신의 경계선에서 의학의 임상적 통찰만으로는 답할 수 없는 더 큰 문화적 문제가 놓여 있는 문 앞에 서 있다.

02
꿈의 본성

꿈은 하나의 보편적인 인간 경험이다. 현상학적인 의미에서 꿈은 그것이 경험되었을 때 우리가 깨어서 하는 경험들과 동일한 진실성을 가지지만, 나중에 돌이켜 생각하는 경우에는 잠들어 있는 동안 마음속에서 일어난 것으로 인식되는 삶의 경험이다. 말하자면, 그것은 단지 돌이켜 볼 때만 '꿈'의 세계라고 인정되는 '진짜' 세계에서 일어났던 것처럼 생각되는 사건이다.

꿈의 현상학은 깨어 있는 세계에서는 경험되지 않는 사건들을 포함한다. 이는, 즉 시간과 장소의 갑작스러운 전환, 나이의 변화, 죽은 것으로 알고 있었던 사람이나, 전에는 한 번도 존재한 적이 없었던 환상적인 인물이나 동물의 출현 등을 말한다. 아마도 꿈에서 경험한 가장 급격한 변화는 하나의 인격에서 또 다른 인격으로, 혹은 전혀 아무런 인격이 없는 존재로 자아 정체성이 변하는 것일 듯하다. '꿈속 자아'[1]는 마치 높이 떠올라 모든 것을 다 아는 전지적 시점에서 사건을 관찰하는 것처럼 보인다.

지난 수십 년간 꿈과 연관된 신경생리학적 상태에 대한 엄청난 양의 연구가 진행되어 왔다. 그래서 많은 연구 덕에 연구자들은 잠자는 피험자가 렘(REM) 상태에 있을 때를 어느 정도 정확성을 가지고 정의를 내릴 수 있게 되었다. 렘 상태는 급속하게 안구를 움직이는 수면 1단계와 비슷한 상태다.[2] 렘 상태에서 갑자기 깨어날 때 피험자는 깨어나기 바로 직전에 꿈을 꾸었다고 보고할 확률이 가장 높다. 하지만 비(非)렘 상태에서 꿈을 꾸었다는 보고도 어느 정도 알려져 있다. 경험된 꿈의 내용에 안구가 움직이는 방향을 연결시키는 초기의 흥미로운 연구가 있었지만,[3] 그런 관찰은 일반적으로 인정되기 위한 충분한 확증이 결여되어 있다.

---

1) (역자 주) '꿈속 자아(dream ego)'와 상대되는 용어는 '깨어 있는 자아(waking ego)'로 부른다.

2) (역자 주) 렘(REM)은 Rapid Eye Movement의 약자이며, 깨어 있는 것에 가까운 얕은 잠을 잘 때 '안구(눈알)가 빠르게 움직이는 것'을 기준으로 구분한 잠의 한 단계다. 잠(수면)은 눈알이 움직이는 렘이 일어나는 구간과 눈알이 움직이지 않은 구간, 즉 비(非)렘들로 구성되어 있다. 수면 사이클은 잠의 깊이와 이에 상응하는 뇌파에 의해 몇 개로 구분된다. 처음 잠에 들면 눈알이 움직이지 않은 비렘 상태를 지나서(1~4단계) 렘으로 이어진다. 렘 수면의 뇌파는 1단계 수면과 유사하며 눈알이 급속하게 움직이는 현상을 수반한다. 이 수면 중 80%에서 꿈을 꾸는 것으로 알려져 있으며, 8시간 잠을 잘 때 렘은 4회 정도 경험한다. 『신경과학-뇌의 탐구』(Mark F. Bear 저, 강봉균 외 공역, 바이오메디북, 2009, pp. 596-597) 참고.

3) H. P. Roffwarg, W. C. Dement, J. N. Muzio et al, "Dream Imagery: Relationship to Rapid Eye Movement of Sleep," *Archives of General Psychiatry*, 7(1967), pp. 235-258.

렘 상태는 미성숙한 아동기 대부분을 차지하고, 나이를 먹어 감에 따라 점차로 사라진다. 이 때문에 단지 피험자의 심리적 욕구들을 충족시키는 것이라기보다는 오히려 어떤 생물학적으로 결정된 상태인 것 같다. 렘 수면은 대부분의 동물에게서도 발견된다. 여기서 심리적 요인은 별로 고려할 만한 것이 아니다. 시력과 관련된 일종의 정보처리를 나타내거나, 밤 동안에 주기적으로 중추신경계를 변경하기 위한 것일 수 있다.

꿈의 생리적 기초가 무엇이든 간에 그것은 인간에게 어떤 건강한 심리적 기능에 필요한 과정을 충족하는 것 같다. 프로이트가 보는 꿈은 억압된 충동의 침입으로부터 잠을 보호하는 역할을 한다. 이런 견해는 일반적으로 현대의 많은 꿈 연구과 조화되지 않는 것으로 보인다. 이와 대조적으로 꿈이 '깨어 있는 자아'의 제한된 관점들을 보상한다는 것이 융의 입장이다. 이는 꿈을 꾸는 것이 일종의 정보처리라는 가정과 조화를 이루기 위한 것이지만, 단순히 새로운 경험 자료들을 동화시킨다는 '정보처리' 개념을 뛰어넘어 훨씬 더 확장시킨 것이다.

보상으로서의 꿈

융 심리학에서는 꿈을 신체 기능의 보상적 기제와 비유되는 자연적이고 규칙적인 정신 과정으로 정의한다. 자아 스스로 도달한 의식적 자각이란 결국에는 하나의 부분적인 관점에 불과하다. 이는 많은 것이 항상 자아의 영역 바깥에 있기 때문이다. 무의식은 망각된 자료를 가지고 있을 뿐 아니라 비록 의식에서 일어난 변화들이 원형의 존재를 가리킬 수 있다고 하지만, 원칙적으로 그것은 의식할 수 없는 내용이다. 심지어 의식의 영역 안에서조차도 어떤 내용물들은 초점에 맞추어져 있지만, 다른 내용물들은 초점에 맞추어져 있지 않다. 이 초점에 맞추어지지 않은 의식은 무가치한 것이 아니고, 초점을 맞춘 의식을 유지하기 위한 배경의 역할을 하기 때문에 없어서는 안 되는 보조적인 의식이라고 할 수 있을 것이다.[4]

꿈을 보상으로 볼 수 있는 세 가지 방식이 있으며, 이 방식들은 꿈의 임상적 이용법을 이해하는 데 중요하다.

첫 번째, 꿈이 자아 구조의 일시적인 왜곡을 보상할 수 있다. 이는 태도와 행동들을 훨씬 더 포괄적으로 이해하는 것을 돕는다. 예컨대, 친구에게 분노를 느끼지만 현실에서 곧바로 분노가 누그러질 것이라는 사실을 알고 있는 사람은 밤이 되면 친구에게 분노하

---

4) James A. Hall, *Clinical Uses of Dreams: Jungian Interpretation and Enactments* (New York: Grune and Stratton, 1977), pp. 163-179; M. Polanyi, *Personal Knowledge: Toward a Post-Critical Philosophy* (Chicago: University of Chicago Press, 1958). (역자 주) '초점을 맞춘 의식(focal awareness)'은 철학자 폴라니의 인식론에서 온 용어다. 폴라니에 따르면, 우리가 '앎'을 형성할 때는 두 가지 의식이 결합되는데, 이는 보조적인 의식(subsidiary awareness)과 초점을 맞춘 의식(focal awareness)이다. 초점을 맞춘 의식은 우리가 주의를 기울이는 부분이고 보조적인 의식은 주의를 기울이는 초점을 맞춘 의식의 배경이 되는 부분이다. 예컨대, 망치로 나무판자에 못을 칠 때 못의 대가리에 집중하는 의식이 초점을 맞춘 의식이지만, 못이 나무판자에 들어가는 전체 과정은 대가리에 집중하는 것만이 아닌, 망치를 꽉 쥐어야 하는 의식을 포함해서 수많은 앎의 과정이 보조적으로 동반되어야 가능한 것이다.

는 꿈을 꿀 수 있다. 아마도 신경증적인 이유 때문에 기억에 남는 꿈은 억압되었던 분노의 양에 더 주의를 기울이게 해 준다. 꿈꾼 사람이 그 상황에서 어떤 콤플렉스가 '배열', 즉 활성화되었는지를 깨닫는 것이 중요할 수 있다.

두 번째, 보상의 좀 더 심오한 양태다. 이는 꿈이 정신을 스스로 드러내는 역할을 하는 것이며, 개성화 과정으로 더 가까이 적응하려는 욕구를 가지고 기능하는 자아 구조를 직면할 수 있는 방식이다. 이것은 일반적으로 스스로가 생각하는 올바르고 진실한 길에서 일탈하고 있을 때 나타난다. 개성화의 목표는 절대로 현재의 조건들에 적응하는 것이 아니다. 그러한 적응은 적절하게 보이지만, 삶에는 그 이상의 과제가 늘 기다리고 있다. 말하자면 이 과제는 궁극적으로 죽음을 세상의 견해가 아닌 자신만의 사건으로 직면하는 것이다. 이런 형태의 보상에 대한 사례가 있다. 가족, 직장, 공동체와 같은 사회에 잘 적응하고 있던 사람이 있었다. 그 사람은 꿈속에서 "너는 진실한 삶을 영위하고 있지 않다!"라고 말하는 어떤 인상적인 목소리를 듣게 되었다. 그는 이 말을 듣고 깜짝 놀라 꿈에서 깨어났는데, 수년 동안 이 목소리가 머릿속에서 사라지지 않았고 꿈을 꿀 때는 명확하지 않았지만 삶이 어떤 지평을 향해 나아가도록 계속해서 큰 영향을 끼쳤다.

보상의 이 두 가지 형태, 즉 자아에게 주는 '메시지'라는 꿈과 정신이 스스로를 드러내는 꿈 등은 꿈의 보상적 기능이라는 기존 융 학파의 생각을 잘 보여 준다. 이는 꿈을 소망 충족[5]이나 잠을 보호하는 것으로 본 정통 프로이트 학파의 견해와는 확실히 다른 것이다.

그러나 나는 점차 꿈을 보상으로 보는 생각에는 좀 더 신비스럽
고 훨씬 더 미묘한 세 번째 과정이 있음을 알게 되었다. 자아의 원
형적 핵심은 '나'의 지속적인 기초다. 하지만 이는 많은 페르소나나
자아 정체성과 동일시될 수 있다. 꿈이란 좀 더 의식적인 수준에서
원형적 자아가 동일성을 위해 의존하고 있는 콤플렉스의 구조를
직접적으로 변경하려는 시도로 보일 수도 있다. 예를 들자면, 다수
의 꿈은 '꿈속 자아'에게 많은 과제를 촉구하는 것 같다. 이런 과제
를 달성하면 '깨어 있는 자아'의 구조를 변경할 수도 있다. 이는 꿈
속 자아의 정체성이란 매우 빈번하게도 깨어 있는 자아의 일부분
을 이루는 정체성이기 때문이다. 사건들은 꿈의 구조 속에 있는 '외
부의' 상황들과 상호작용하는 것으로 꿈속 자아가 경험하는 것이
다. 그러나 꿈속의 외부 사건은 깨어 있는 자아가 매일 수행하는 기
능과 구조를 포함하고 있는 콤플렉스를 직접적으로 반영할 수 있
다. 깨어 있는 자아는 이 꿈의 상황들과 맺는 관계의 변화들을 태도
나 분위기의 어떤 변화로 경험할 수 있다. 마리-루이제 폰 프란츠
는 자신이 꾼 꿈에서 이런 형태의 보상에 대한 명백한 한 가지 예를

---

5) (역자 주) 소망 충족(wish fulfillment)은 자신의 의지에 따르지 않는 사고 과정을 통해
   서 이루고 싶은 욕망을 만족하는 것이다. 주로 꿈이나 백일몽으로 드러나고, 신경증
   이나 정신병의 환각에 나타난다. 프로이트에 따르면, 소망 충족은 무의식적 욕망이
   자아(ego)와 초자아(superego)에 의해 억압될 때 나타난다고 보았다. 특히 꿈이란
   억압된 갈등을 해결하기 위해서 무의식에서 일어나는 일종의 시도라고 보았다. 그러
   나 융 학파에서는 꿈이 억압의 산물이나 무의식의 은폐나 검열의 소산이라는 점을 근
   본적으로 받아들이지 않고, 꿈은 있는 그대로 일어나는 무의식의 자연적 과정에 따른
   것이라고 본다.

들고 있다. 자신의 죽음이 임박했음을 느낀 뒤에 그녀는 아니무스 형상인 어떤 멋진 젊은이가 죽는 꿈을 꾸었다.[6]

보통 융 학파의 분석 과정에서 꿈은 분석 과정의 상호작용을 위한 일종의 기준점으로 사용되곤 한다. 분석가와 내담자는 동맹을 맺는데, 이는 내담자의 자아와 관련된 꿈의 '메시지'를 이해하기 위한 것이다. 때때로 꿈들은 분석 상황에서 상호작용의 특별한 배열(활성화)을 의미하는 전이와 역전이[7] 관계에 주의를 기울여야 한다는 것을 알려 준다. 그 누구도 다른 사람이 지닌 정신의 '진실'을 알 수 있는 특권적 지위를 가지고 있지 않기 때문에, 분석가와 내담자는 둘 사이의 기본적 신뢰를 포함하는 일종의 실험적인 모험상황에 처해 있는 것이다. 만일 꿈이 분석자와 내담자의 관계에 초점을 맞춘다면 그 관계를 분석해서 살펴보아야 한다.

꿈을 해석할 때는 꿈을 이미 샅샅이 다 다루었다고 생각하지 않는 태도가 중요하다. 최선을 다해 꿈에서 유용하고 현재적인 의미들을 발견할 수 있지만, 이조차도 연이은 꿈들에 의해서 변형될 수 있다. 이는 꿈 해석이란 자아와 무의식 사이의 끝없는 대화를 의미하기 때문이다. 이러한 대화는 어떤 정해진 길이 없이 확장되고, 대

---

6) Marie-Louise von Franz, *Redemption Motifs in Fairytales*. Toronto: Inner City Books, 1980, pp. 17-18.

7) (역자 주) 분석가와 내담자 사이에서 분석 및 상담이 진행됨에 따라 내담자의 감정이 무의식적으로 향하게 되는 것을 전이(轉移, transference)라 부르며, '역전이(逆轉移, countertransference)'는 그 반대다. 역전이가 진행되면 분석가는 분석을 진행하기 어려운 경우가 생기므로 역전이는 주로 부정적으로 인식된다. 그러나 역전이의 내용을 잘 이해할 경우에는 긍정적으로 변화될 수 있다.

화의 주제들은 어디에 중점을 두고 어떤 수준에서 하는지에 따라 변경될 수 있다.

꿈은 해석되지 않을 때도 가끔씩 깨어 있는 의식에 어떤 심오한 영향을 미치는 것 같다. 분석되지 않는 꿈들이 끼치는 영향력을 관찰하면, 꿈 내용을 기억하지 못할 때도 이 꿈들은 정신의 전체 삶의 어떤 생기 있는 부분이 된다고 짐작할 수 있을 것 같다.[8] 융 학파의 관점에서 꿈들은 자아가 깨어 있을 때 실재에 대해 갖는 관점을 보상하고, (보상보다 조금 부드러운 형식인) '보완'을 이루기 위해 계속 기능하고 있다. 꿈의 해석은 개성화 과정이 이미 움직이고 있는 방향에 대해서 비록 무의식적일지라도 어떤 의식적인 주의를 기울이게 만드는 것이다. 이것이 성공할 때 의식적 의지와 무의식적 역동의 협업은 꿈들이 검토되지 않고 남겨졌을 때보다 더 빠르게 개성화 과정을 진행시킨다.

꿈 해석의 추가적인 이점은 자아가 의식적 기억에서 꿈의 잔여물을 얻는다는 것이다. 이는 꿈꾼 사람이 일상생활에서 유사한 주제들을 식별하고 적절한 태도나 행동을 할 수 있도록 해 주며, 특별한 문제가 있는 영역에 대한 무의식적 보상이 필요하지 않게 해 준다.

---

8) *Clinical Uses of Dreams: Jungian Interpretation and Enactments*, pp. 151–161.

꿈 해석 이외의 꿈 이용 방법

꿈속의 의인화는 장소들의 이미지와 살아 있지 않은 대상을 포함해서 개인 무의식에 있는 심리학적 콤플렉스의 구조를 반영한다. 그 모두는 객관 정신에 존재하는 원형적 핵들에 의지하고 있으며, 정신의 중심을 유지하고 개성화를 추진하는 진아 혹은 중요한 원형의 힘에 지배를 받고 있다. 꿈속에서 객관화되고 이미지로 나타나는 이러한 특별한 콤플렉스는 꿈속 자아의 특별한 배열(활성화)을 포함해서 깨어 있는 자아와 꿈속 자아에 관련된 진아의 자율적 활동을 반영한다. 그러므로 진아가 자아와 그 밖의 다른 정신의 내용물을 구성하는 콤플렉스와 무슨 일을 하고 있는지를 어렴풋하게나마 볼 수 있다. 그러한 관찰들은 꿈 해석 이외의 다른 방식으로 꿈을 이용할 수 있다. 사실상 이는 융 학파가 아닌 다른 치료 기법에서는 아주 흔한 이용 방식이다.

꿈의 주제들은 현재나 과거를 가리키며, 실제적인 사람들, 살아 있거나 죽은 사람들, 깨어 있을 때는 보지 못한 미지의 형상들을 가리킬 수 있다. 깨어 있을 때는 알지 못했던 꿈속의 사람들은 꿈꾸는 사람의 정신이 의인화된 부분일 수 있다. 이러한 세부사항에 깊은 주의를 기울이면, 꿈을 꿀 때 마음속에서 정신의 어떤 부분과 자아가 겪었던 과거 경험의 어떤 부분이 배열되었는지를 추측할 수 있다. 이러한 영역에 대한 심리치료적인 주의를 기울이면 비록 공식적인 꿈 해석 방법이 없을지라도, 개성화의 자연스러운 흐름과 동일한 방향으로 치료 과정이 진행될 수 있다.

콤플렉스가 활동할 때는 게슈탈트 기법[9]에서처럼 부가적인 정신 에너지가 집중되면서 자각이 증가되는 결과를 얻는다. 하지만 이러한 실행 기법은 융 학파에서 꿈을 이용하는 방법과는 사뭇 다르다. 왜냐하면 게슈탈트 기법은 배열된 콤플렉스에 집중하는 것이고, 꿈의 전체 구조 속에서 그 콤플렉스의 이용에 집중하는 것이 아니기 때문이다.

분석가가 꿈 해석을 이용하는 기술을 습득했을 때, 꿈들은 진단적인 평가와 예후적인 평가를 위한 추가요인이 되며, 약물 치료를 수립하거나 변경하기 위해 입원기간을 고려하고 심리치료 예약 횟수를 정하는 시기를 알려 주는 섬세한 지침이 된다. 예를 들자면, 매우 위중한 조현병을 가진 어떤 젊은이가 있었다. 그는 정신병적 징후들이 악화되어 이전보다 더 많은 약물 치료를 필요로 했던 바로 그 시점에, 자신이 운전하는 차가 제동이 안 되면서 뒤로 굴러가는 꿈을 꾸었다. 하지만 많은 사례에서는 정반대가 되는 꿈을 꾸기도 했다. 병세가 호전되는 국면에서는 신화에 나오는 인간의 몸에 거대한 수소의 머리를 가진 미노타우로스를 쉽게 물리치고 승리를 하는 것처럼 확실한 성공을 거두는 꿈을 꾸었다. 또한 이런 꿈도 꾸

---

9) (역자 주) 게슈탈트 기법(gestalt technique). 게슈탈트 치료는 내담자의 강력한 감정을 표현하도록 자극하는 노력으로 역할극을 포함한 다양한 기법을 사용한다. 이 가운데 유명한 것이 '빈 의자 기법(empty chair technique)'이다. 빈 의자를 놓고 인물이나 사건을 설정하여 스스로 묻고 대답하며 대화를 진행하면서 무의식의 흐름을 살핀다. 일종의 심리극으로 이해할 수 있다.

었다. 서커스단에 고용된 사기꾼 만담가가 핵폭탄을 가지고 있었는데, '꿈속 자아'도 그 핵폭탄의 일부분을 가지고 있었다. 꿈속에서 그 만담가가 꿈속 자아에게 핵폭탄의 일부분을 갖게 된 이유를 물었을 때, 꿈속 자아는 거짓말로 둘러댔다. 이는 그 당시 그 젊은이가 치유를 위해 의식적으로 전념하는 노력과 더불어 병행하고 있는 어떤 정신병적 과정의 '폭발'을 가까스로 피하고 있음을 보여 주는 것이라고 해석할 수 있다. 하지만 불행히도 이 젊은 남성은 여러 해 동안 치료를 위해 여러 치료사를 거쳤지만, 후일 자살을 하게 된다. 나는 그 젊은이가 마지막으로 어떤 꿈을 꾸었는지 모른다.

꿈의 내용은 분석 시간에 논의되는 자료들, 집단상담, 꿈을 꿀 시점에 꿈꾼 이가 처한 특별한 삶의 상황 등을 가리키고 있다. 꿈을 꾸는 시점에 깨어 있는 자아를 둘러싼 맥락에 대해서 꿈 이미지를 주의 깊게 참고하면, 꿈을 임상적으로 이용할 때 혹시 생길지도 모르는 치명적인 오류를 최소화할 수 있다. 치료사는 내담자의 꿈에 자신의 생각을 투사하는 경우가 있는데, 이때는 그 꿈을 내담자의 무의식에서 발신하는 교정을 위한 메시지로 이용하는 편이 더 낫다.

꿈 해석과 이미지 기법

현대의 심리치료는 꿈 해석 이외로도 여러 이미지 기법을 사용하고 있다. 이미지 기법이란 신경증적인 불행의 밑바닥에 자리 잡고 있는 부적절한 가정과 정체성들을 변형할 목적으로, 주로 우뇌 영역에서 비중 있게 작동하는 인간의 상상력을 활용하여 설정한 일종의 실행 방법이라고 할 수 있다. 나는 그러한 이미지 기법들을 **시연**(試演, enactment)이라고 부르는데, 이런 표현은 인지되지 않은 채로 무의식적인 갈등에 따른 경험의 돌발적이거나 보통은 위협을 미치는 달갑지 않은 행동의 표출인 **행동화**(acting-out)와 구별하기 위한 것이다.[10]

꿈 해석과 이미지 기법은 마음속에 있는 콤플렉스의 패턴에 영향을 주는 것으로 보인다. 이는 일상생활과 심리치료의 정서적 경험에서도 마찬가지다. 꿈 작업은 아마도 콤플렉스를 변화시키는 것에 관한 가장 직접적이고 자연스러운 접근일 것이다. 그리고 그다음으로 더욱 직접적인 것은 융의 적극적 명상이다. 이 방법은 무의식적 내용물들이 '움터 나오도록' 만드는 것이고, 자아는 정신 속에 배열된(활성화된) 상반된 것들 사이의 갈등하는 압력을 중재하는 깨어 있는 역할을 유지하는 것이다.

다른 이미지 기법으로는 최면분석 이미지, 무의식에서 유래하는

---

10) *Clinical Uses of Dreams: Jungian Interpretation and Enactments*, pp. 331-347. (역자 주) 행동화(acting-out)는 정신과적인 응급상황에 이를 수 있는 환자나 내담자의 위험한 행동의 표출로 정의된다. 흔히 병원에서 막무가내로 나가겠다고 소리 지르거나 머리를 벽에 박고 몸부림을 치는 것을 연상할 수 있다. 그러나 이미지 기법은 상상력을 통해 무의식이 자연스럽게 드러나는 것을 목표로 한다. 이것은 보통 예술적인 표현으로 이어지는데, 예술에는 인지적 측면이 포함되기 때문에, 내적 이미지를 표현할 때는 겉모습은 '소리 지르고 격하게 몸부림을 친다'는 점에서 행동화와 유사할 수 있지만, 실제로는 시험 삼아 연출한 것(시연)이므로 행동화와는 다르다고 할 수 있다.

이미지를 그리거나 만들기, 모래 상자에 작은 피규어(figure, 인형 등과 같은 작은 상징물)들을 가지고 장면들을 만드는 모래놀이치료, 사이코드라마(심리극), 이미지의 자유로운 흐름이 허용되는 유도된 심상과 명상 수련 등이 있다. 이미지 기법에서 생겨나는 결과물들은 꿈에서 나타나는 것과 매우 유사하므로, 심리치료에서 이미지 기법들을 이용할 때는 깊이 있는 훈련이 필요하다.

자아 정체성과 콤플렉스들의 구조

꿈을 임상적으로 이용하는 대부분의 경우에, 그 목적은 꿈꾼 이가 자신의 인격 구조의 다양한 형태를 분명하게 파악하도록 돕는 데 있다. 이 구조는 보통 무의식적으로 행동화로 표출될 뿐이며, 종종 전문가의 도움이 필요한 신경증적인 불행을 유발시킨다. 분석가와 치료사가 하는 일은 본질적으로 꿈의 자연스럽고 자발적인 활동과 유사하다. 왜냐하면 꿈은 그 사람이 신경증에서 벗어나 개성화 과정으로 들어가도록 애쓰고 있기 때문이다. 꿈은 분석되거나 이해되기 위해서 꿈의 모습으로 나타나는 것이 아니다. 우리가 꿈을 이해하게 되면, 무의식이 건강과 개성화의 방향으로 자아의 이미지를 변경시키려 애쓰는 곳이 어딘지를 알 수 있다.

하지만 건강과 개성화는 항상 나란히 가는 것은 아니다. 삶의 어떤 특정한 단계의 지배적인 자아 이미지에게 '건강하다'는 의미는 삶의 다음 단계에서 새롭게 생겨난 자아 이미지의 입장에서는 확실히 불건강한 것을 뜻할 수도 있다. 심리학적으로 보면, 인생의 다른 분야와 마찬가지로 좋은 것에 멈추면 더 좋은 것을 가질 수 없다. 좋은 것이 더 좋은 것을 막고 있기 때문이다. 개성화는 '건강'보다 더 크고 복잡한 개념이다. 개성화는 하나의 역동적인 과정이다. 즉, 그것은 지속적인 변화를 포함하고 있으며 결국에는 삶의 유한성과 죽음의 필연성이라는 의미를 받아들이도록 하는 것이다.

기분의 변화는 자아의 이미지 배후에 있는 콤플렉스의 구조 변화로 시각화될 수 있다. 우리가 어떤 양가감정의 상황에서 중요한 개인적인 우선순위를 떠올릴 때처럼, 자아는 그러한 변경을 어느 정도까지는 해낼 수 있다. 이는 먹음직스러운 디저트를 앞에 두고서 다이어트를 생각해야 하는 것보다는 훨씬 더 심각한 문제다. 좀 더 중요한 문제를 다룰 때나 정체성의 좀 더 심오한 수준이 변해야 할 때, 필요한 변경은 의식적 자아의 선택 영역 안에 없다. 그 수준에서 자아는 단지 할 수 있는 것만을 하고 나서 초월적 기능의 활동을 기다려야 한다. 이 기능은 정신이 상징을 만들어 낼 수 있는 능력이며, 이 상징적 해법을 통해 전쟁을 벌이고 있는 저 두 가지 상반된 것의 갈등을 더 넓은 의미의 틀 속에서 상대화하는 것이다.

꿈의 임상적 작업은 자아가 자신의 힘이 닿는 한계 내에서 해야 할 것을 하도록 돕는 것을 포함한다. 근본적으로 필요한 변형은 때때로 꿈의 이미지에서 관찰될 수 있지만, 이것들은 내담자나 분석가의 의지에 따라 주문되는 것이 아니다. 내담자가 '무엇을 해야 할지'라고 하는 끈질기지만 이해할 수 있는 외침에 대한 대답이란 그 갈등이 스스로 나타내는 형태를 할 수 있는 한 최대로 가깝게 따르

고, 그 상황에 영향을 미칠 수 있는 것은 무엇이든 하고 나서, 기다
리고 지켜보며 신뢰하는 것뿐이다. 이 과정을 돕는 것이 정신의 변
형에 있어서 중요한 성분이다. 분석 상황과 분석가라는 존재는 내
담자가 가지고 있는 유일한 성소(聖所, temenos), 즉 안전한 장소다.
이 장소는 낡은 자아 이미지에서 새롭게 무언가가 만들어지고, 조
금 더 포괄적인 자아 이미지를 향해 가면서 불안정한 움직임이 생
겨날 때 삶을 꽉 붙잡아 줄 수 있는 안전한 곳이다.

기억해야 할 중요한 점은 자아 이미지 그 자체는 자아가 지배적
인 정체성을 위해 사용하는 콤플렉스 또는 콤플렉스들의 연합에
따라서 변경될 수 있다는 것이다. 이는 그림자 투사에서 쉽게 볼 수
있다. 여기서 자아는 어떤 사람을 적극적으로 좋아하지 않는 것에
서 정당함을 느끼는데, 보통은 자아와 성별이 같다. 이 좋아하지 않
는 누군가는 내담자의 자아 이미지에 나타난 특성을 구현한 사람
이다. 만일 그러한 그림자 투사가 진실로 성격 구조의 통합적 부분
이라면, 꿈은 종종 그림자 활동이나 태도에 연루되어 있는 꿈속 자
아를 보여 준다.

만일 그림자가 투사되지 않고 자아에 의해서 행동으로 드러나
면, 그림자가 통합되거나 지배적인 자아 이미지에서 분리될 때 어
떤 의심스러운 형태의 꿈이 생겨난다. 예컨대, 술을 마시지 않기로
한 알코올 중독자들은 일상생활에서 술을 끊은 뒤부터 곧바로 빈번
하게 술을 마시는 꿈을 꾼다. 같은 형태의 꿈이 담배를 끊은 애연가
들에게서도 관찰될 수 있다. 그러한 꿈들은 단순히 구조적으로 그
림자 활동이 포함된 자아 정체성의 패턴이 여전히 지속되고 있음을

암시한다. 비록 자아가 더 이상 그것과 동일시를 하고 있지 않더라도 말이다. 이런 꿈들을 단순하게 소망 충족으로 이해하는 것은 자아를 과거의 태도와 행동 패턴들로부터 떨어지도록 하기보다는 그것들 속에서 자아를 비춰 보게 만드는 위험이 있다.

좀 더 복잡한 꿈에도 똑같은 원리가 적용된다. 한때 성직자가 되고 싶었던 중년의 한 남성이 있었다. 그는 자신의 소망과 무관한 직업을 가지고 있었지만 오랜 세월 동안 성공적인 삶을 살면서 극도로 적극적인 성생활을 즐겼다. 이는 스스로 공포를 쫓아가는 일종의 '역(逆)공포 행동 특성'을 가진 것이었다. 말하자면, 그는 아내와 떨어질 때면(같이 있을 때는 물론 성생활을 했다.) 결혼생활을 하고 있는 여자 친구와 주말마다 성관계를 가졌다. 그리고 자유로운 시간이 생길 때는 인근의 선술집에 가서 여러 여성과 첫 만남을 통해 성관계를 즐겼다. 이런 호색한 생활을 하면서 그는 교회에 가서 예배를 올리고 성찬식을 지내는 꿈을 꾸었다! 그의 그림자 안에는 그가 이전에 가졌던 종교적 헌신과 흥미와 같은 긍정적인 가치들이 담겨져 있었다. 하지만 성욕과 종교적 심성 사이의 극도로 근본적인 괴리 때문에 그런 가치들은 이미 분리되어 있었다.

이 사례는 또한 그 자체로 그림자가 분명 긍정적이지도 부정적이지도 않음을 잘 보여 준다. 그림자는 의식적 인격에 승인되지 못한 내용물들을 의인화하는 변형된 자아 이미지에 불과하다. 그림자는 지배적인 자아 이미지의 관점에는 부정적인 것으로 나타날 수도 있다. 자아에게서 분리되고 부분적으로는 억압되었기 때문이다. 그러나 그 실제적인 내용물들은 현재 자아 이미지의 상태에 따라서 긍정적이거나 부정적일 수 있다.

자아 정체성에 부착되어 있는 콤플렉스 구조는 종종 양극으로 되어 있거나, 심지어는 훨씬 더 복잡하다. 상대적으로 간단한 양극으로 된 콤플렉스는 특별한 방식으로 배열된 두 가지 정체성 패턴 또는 콤플렉스를 가지고 있다. 하나의 극은 자아에게 정체성의 패턴으로 승인되어 있다. 반면에 공동작용하고 있는 반대쪽의 다른 극은 (간혹 드러나는) 그림자 속에 억압되거나, 주위의 어떤 사람 곧 친밀한 가족 가운데 한 사람에게 투사된다. 거기에서 자아와 (상반되는 패턴이 투사된) 그 사람 사이의 개인적 관계 패턴을 결정한다. 이는 본질적으로 비개인적인 관계 구조이며, 무의식적으로 투사를 한 사람의 개성화를 방해하고, 그 투사가 꽂힌 사람과 안정적인 개인적 관계를 맺을 수 없게 만든다.

양극성 구조의 또 다른 사례는 지배와 복종의 패턴이다. 여기에서 관계의 한쪽 극은 지배적이고 다른 쪽 극은 복종적이다. 그러한 패턴에 기초를 둔 비개인적 관계에서 관계를 맺고 있는 두 사람 사이에 일어나는 대부분의 상호작용은 그 패턴 속에 있을 것이다. 즉, 하나는 복종적이고 다른 하나는 지배적이게 될 것이다. 그러나 종종 그 패턴의 반대가 되는 증거가 있다. 예를 들자면, 아주 성공한 사업가가 있었다. 그는 수십 년 동안 자기 주변의 모든 사람을 보살피고 있었다. 그는 은퇴를 하고 나서 갑작스럽게 병이 날 수 있을지도 모른다는 어떤 비합리적인 두려움을 느꼈다. 스스로가 무기력하며 의존적이라고 생각했던 것이다. 분석을 진행하자, 그가 느낀 죽음에 대한 두려움은 주요한 구성 요인이 아니었다는 것이 밝

혀졌다. 그가 실제로 두려워한 것은 그 반대쪽에 있는 의존적이고 복종적인 정체성을 경험한 것이었다. 그는 어린 시절부터 강박적으로 일하고 타인들을 보살피면서 이러한 의존적 정체성을 회피해 왔다.

유사한 역동을 비행기 조종사나 승무원에게서 발견할 수 있다. 이들은 흔히 승객의 자격으로 비행기에 오르는 일을 두려워한다. 승무원으로 일할 때는 비행기를 '통제'하는 것에 아무런 문제도 없지만, 통제의 상징적 의미가 확실히 존재하고 있다. 승객의 자격으로 자동차에 타는 것을 두려워하는 사람에 관해서는 매우 많은 사례가 있다. 이들은 자신이 운전을 할 때는 완벽하게 편안하고 즐거워하는 사람들이다. 나는 그 반대가 되는 한 가지 사례를 알고 있다. 거만하기 비할 데 없으며 매우 지배적이고 고압적인 한 여성이 있었다. 그녀는 스스로 운전할 수가 없어서 아주 사소한 일에도 기사를 대동해야 했다.

개인 무의식에 있는 콤플렉스들을 불규칙한 '그물'에 배열된 것으로, 말하자면 패턴을 가지고 무리지어 있는 어떤 콤플렉스 덩어리를 가진 것으로 그려 봄으로써(각 덩어리는 그물 속에서 다른 콤플렉스들과 접촉하고 있다), 다양한 정체성 패턴에 대한 자아의 움직임을 대강 시각화할 수 있다. 만일 진아에 기초를 둔 자아의 원형적 핵이 빛으로 시각화된다면, 그 '빛'에 의해서 비춰지는 개별 콤플렉스들은 자아의 현재 정체성이 될 것이다. 빛이 비춰지는 그 지역은 항상 그물의 일부분을 어둡게 남긴다. 이 빛이 비춰지지 않는 그물은 다양한 비(非)자아 구조의 패턴들, 즉 그림자나 아니마 등이 된다. 만일 자아의 '빛'이 이동하면, 그것은 자아의 '내용물'뿐 아니라 내용물과 관련된 관계의 패턴도 변화시킨다. 일상의 의식에서 사람은 자아의 '빛'이 이동할 수 있다는 것을 모르고, 다만 빛이 비춰지는 지역에 자아가 '존재'한다고 생각할 뿐이다.

그물과 빛의 이 은유적인 이미지는 더 정교해져야 한다. 왜냐하면 그물은 어떤 고정된 구조가 아니기 때문이다. 사실상 자아가 어떤 지역을 '비출' 때면, 그 지역의 콤플렉스 그물에 변경을 만들어낼 수 있다. 콤플렉스들은 모두가 상호 관련된 장(場)에 놓여 있기 때문에, 한 가지 콤플렉스에 어떤 변경이 생기면 크던 작던 간에 다른 모든 콤플렉스의 구조에 영향을 미치게 된다. 자아는 수동적으로 '그물'을 경험할 뿐 아니라, 적극적으로 '빛이 비춰진' 콤플렉스들의 구조를 만들거나 분리하는 데도 참여한다.

자아만이 콤플렉스들의 구조에 영향을 미칠 수 있는 유일한 힘이 아님을 깨달을 때 상황은 훨씬 더 신비하고 복잡해진다. 콤플렉스는 어떤 특별한 꿈의 맥락이 배열되는 곳에 직접적이거나 간접적인 진아의 활동, 곧 자아가 회피하려고 애를 쓰는 어떤 갈등이나 성장 단계에 직면시키는 진아의 활동을 통해서 변경될 수도 있다. 그러므로 자아와 진아는 둘 모두 자아가 정체감을 느끼고 있는 콤플렉스들의 구조에 영향을 미친다. 또한 자아는 진아의 원형에 토대를 두고 있으며, 그래서 어떤 의미로 무의식의 세계에서 자아가 진아의 대행자나 대리인이라는 것을 꼭 기억해야 한다.

정체성 구조의 변화하는 과정이라는 의미는 꿈을 임상적으로 이용하는 데 매우 큰 도움이 된다. 꿈 해석을 이용하는 임상 작업을

잘 수행하기 위해서 꿈에 내포되어 있는 훨씬 더 이론적이고 심오
한 질문들을 반드시 이해할 필요는 없을 것이다. 이러한 커다란 문
제는 주로 다음과 같은 질문들에 포함되어 있다.

① 인식의 본성에 대한 인식론적 질문
② 존재의 신비를 포괄하는 것과 관련된 인식 주체의 본성에 대
한 종교적인 질문
③ 신화, 동화, 민담 등에 반영된 구조 가운데 중간 영역(원형적
주제들)에 대한 질문

여기서 마지막 질문은 원형 상징에 대한 순수한 연구를 위해 풍
부한 장을 형성하고 있다. 하지만 구체적인 임상적 상황을 해석할
때는 주의를 해야 한다. 한 개인의 복잡성은 어떠한 신화의 복잡성
보다도 훨씬 더 복잡하기 때문이다.

03
꿈에 대한 접근

융 학파가 꿈에 접근하는 데는 세 가지 주요한 단계가 있다.

① 꿈의 세부사항에 대한 정확한 이해
② 세 수준(개인적, 문화적, 원형적)을 계층적으로 고려한 연상과 확충을 통한 자료 수집
③ 확충시킨 꿈을 꿈꾼 이의 상황과 개성화 과정의 맥락에 위치시킴

이미 말한 것처럼, 꿈 해석 이외로도 꿈을 이용하는 방법은 많이 있다. 즉, 다양한 꿈 주제에 대해서 게슈탈트 방식으로 시연하는 방법이 있다. 이는 꿈에서 상징화된 콤플렉스들을 이해할 수 있게 해

주지만, 반드시 꿈 자체의 의미를 조명할 수 있는 것은 아니다. 꿈
은 늘 꿈꾼 이의 삶을 배경으로 살펴보아야 한다.

　깨어나서 기억된 꿈의 세부사항에 대한 정확한 이해는 환원주
의에 빠지는 위험을 최소화하는 데 본질적이다. 만일 내담자가 "일
하는 꿈을 꾸었어요."라고만 말한다면, 그 꿈이 일상생활에서 하는
일에 대한 상황을 다룬 것인지, 아니면 좀 더 내적인 정신에서 일어
나는 과정을 상징하기 위해 일상적인 사건들을 이용하고 있는 것
인지 정확히 알 수 없다. "일하는 꿈을 꾸었어요."라는 것은 『햄릿』
이라는 작품이 '가족 관계'들을 다룬다고 말하는 것과 같다. 꿈 이
미지들의 내적 관계에 대해 긴밀한 주의를 기울이지 않는다면(특
히 일련의 꿈에 대해서), 분석가는 자신의 이론을 내담자의 꿈 재료
에 투사하는 위험에 빠진다. 만일 분석가가 대인관계를 몹시 중요
한 것이라고 믿는다면, 이는 꿈에 나오는 인물들을 바깥세상에서
사람들과 맺는 관계라고 너무도 쉽사리 '간주해 버리는' 것이다. 비
슷하게 (분석가와 내담자 두 사람이 무의식적 역동에 기초를 둔 관계가
왜곡되는 현상인) 전이와 역전이 관계를 과도하게 강조하는 것은 너
무도 많은 꿈을 분석 상황에만 의존해서 해석하는 것이다. 융 학파
사람들의 경우에는 특히나 영향을 받기 쉬운 환원주의의 한 가지
형태가 있는데, 이는 이른바 원형적 환원주의라고 하는 것이다. 모든
콤플렉스는 하나의 원형적 핵 위에 형성되어 있기 때문에, 항상 꿈
의 주제를 어떤 원형적 의미로 과도하게 확충할 수 있다. 이로 인해
꿈꾼 이의 삶에서 일어나는 개성화 과정의 긴장 상태를 종종 매혹
적인 원형적 확충으로 대치하는 위험이 뒤따른다.

하나의 꿈을 완전하게 설명하기 위해 필요한 질문들은 평소의 대화나 근거가 확실한 병력 상황을 명료하게 파악하기 위해 사용하는 질문들과 유사하다. 이는 환자의 고통을 듣는 의사의 경험을 참고하면 알 수 있다. 이를테면 환자가 어떤 고통을 말한다면, 이를 명료하게 만들기 위해 부가되어야 하는 상세한 사항은 다음과 같다.

고통이 지속적인가요, 아니면 간간이 나타나나요? 간간이 나타난다면 고통이 생기는 간격은 어떻지요? 고통은 아프게 찌르는 것 같은가요, 아니면 얼얼한가요? 고통이 한 곳에만 나타나는지요, 아니면 여러 군데에서 나타나는지요? 여러 군데에서 나타난다면, 한 곳에서 시작되어서 다른 곳으로 퍼지는 것 같나요? 무엇이 고통을 더 크게 하지요? 어떻게 하면 고통이 덜한가요? 고통 때문에 잠에서 깨나요?

내담자가 꿈에 나타난 '거북이'의 이미지를 말한다고 가정해 보자. "거북이의 크기는 어떤가요? 가만히 움직이지 않고 있나요, 움직이나요? 어떤 별난 특징이라도 있나요?" 내가 한 경험을 보자면, 나는 지름이 50미터나 되는 거북이들 혹은 몇 센티미터 정도의 작은 거북이들이 나오는 꿈을 꾼 적이 있었다. 하지만 작은 거북이는 공중으로 3미터나 위로 올라가서 한입에 커다란 스테이크 덩어리를 삼켰다! 꿈속의 거북이는 현실에서처럼 단순한 그냥 거북이가 아니라는 것을 명심해야 한다.

이미지의 확충

꿈 이미지의 확충은 세 가지 층을 가진 콤플렉스의 '껍질을 벗기는 것'과 유사하다. 첫 번째로 개인적인 연상들을 찾는다. 그 이미지가 내담자의 생활 어디에서 나타났는지, 그가 무엇을 생각하고 느끼는지 등이다. 이 연상들은 원형의 중심 주변에서 발달되어 온 콤플렉스의 성질을 드러낸다. 예를 들자면, 꿈꾼 이가 알던 어떤 사람이 꿈에 나타날 수도 있다. 이는 꿈의 이미지가 객관적으로 다뤄져야 하는지, 즉 외부 세상에 실제로 있는 사람을 가리키는 것인지, 아니면 주관적으로 다뤄져야 하는지, 즉 꿈꾼 이가 가진 정신의 한 부분을 의인화하기 위해 다른 사람을 이용한 것인지 등에 대한 의문을 낳는다. 실제로 알고 있는 사람과 장소, 사건은 객관적인 의미를 지니고 있는 것 같다. 하지만 또한 그것들은 꿈꾼 이가 가진 내적 정신의 실재를 가리킬 수도 있다. 특히 강한 정서적 색조가 동반될 때는 더 그렇다. 이 두 가능성을 항상 염두에 두는 것이 현명하지만, 융 학파의 관점을 견지하는 임상적 꿈 분석에서는 항상 꿈 이미지의 내적 정신의 중요성에 강조를 두고 있다.

두 번째로 콤플렉스의 '중간 층'은 좀 더 문화적이거나 개인을 넘어서는 초개인적인 이미지들을 담고 있다. 예를 들자면, 붉은 신호등은 정지를 의미하고 흰색은 신부의 색이며 대통령은 미합중국의 통치 권력을 대표한다든지 하는 것 등이 있다. 문화적 확충은 종종 꿈꾼 이에게 의식적으로 알려져 있다. 하지만 꿈꾼 이가 자발적으로 언급하지 못할 수도 있다. 만일 분석가가 그럴듯한 문화적 확충을 제시할 때 꿈꾼 이가 이를 인정한다면, 이는 꿈 이미지의 배후에 있는 콤플렉스의 잠재적 부분이라고 생각해도 괜찮다.

세 번째로 콤플렉스의 마지막 층은 원형적 수준의 확충이다. 이는 특별히 융 학파가 꿈 해석의 일반적 분야에 새롭게 가미한 내용이다. 원형들은 그 자체로 볼 수 없다. 모종의 방식으로 경험을 구성하는 경향일 뿐이기 때문이다. 원형이 구성한 이미지는 원형에 포함된 전체적인 잠재성보다는 적은 내용을 담고 있기는 해도 그 원형의 이미지가 된다. 꿈속의 원형적 이미지들은 다음과 같은 이유로 종종 인식되지 않는다.

① 분석가는 어떤 꿈 주제에 대해 그것이 지닌 신화적이거나 원형적인 중요성에 대한 지식이 부족하여 무지할 수 있다.
② 반복되는 인간의 어떤 경험은 원형적일 수 있는데, 많은 원형 요소는 너무 진부하고 '뻔해서' 주의를 끌지 못한다.

원형의 이미지들은 오래된 민담, 동화, 신화나 종교적 체계에서 볼 수 있는 거대한 상징체계 속에 수용되는 한 부분이 되기 위해, 현재에도 살아 있거나 오랜 시간 동안에 걸쳐 대다수의 사람에게 충분히 의미 있는 것으로 입증되어 온 것들이다. 그러므로 많은 이의 정신이 원형적 이미지를 '걸러'내 왔다.

내 견해로 보자면, 임상에서는 꿈 해석을 잘하기 위해 원형적 수준에서 해석을 할 필요는 없어 보인다. 하지만 원형적 해석 하나가 개인적 수준에서 행했던 많은 해석 내용보다 훨씬 더 의미 있는 경우가 종종 있다. 꿈꾼 이의 의식적 마음에는 알려지지 않은 원형적 이미지에 대한 깨달음은 더 깊은 정신의 본성을 향한 중요한 이론적 창을 열 수 있으며, 우리의 개인적 일상생활의 드라마에 한 가지 건강한 관점을 가져다줄 수 있다.

꿈의 맥락

꿈은 꿈꾼 이가 처한 현재 삶의 맥락에서 '독해'되어야 한다. 융은 꿈이 자아의 의식적 관점을 보상한다는 것을 매우 자주 느꼈다. 말하자면 꿈은 지배적인 자아 정체성의 태도에 대한 반대의 관점, 즉 더욱더 포괄적인 관점을 제공한다. 자아는 그 본성상 실재에 대해 늘 제한된 관점을 가지고 있다. 반면, 꿈은 자아의 확장으로 향해 가는 것으로 보인다. 하지만 자아의 계속적인 확장이 이루어지려면 일시적으로나마 좀 더 집약되거나 집중된 각성이 필요하다. 꿈을 꿈꾼 이의 구체적인 삶의 맥락에서 파악하는 것이 꿈을 미래에 취할 한 가지 행동에 대한 단서라고 생각한다면 이는 너무 순진한 생각이다. 마찬가지로 꿈을 꿈꾼 이가 현재 가지고 있는 의식적 입장에 대한 확인이라고 보는 해석도 대부분은 평범한 해석에 지나지 않는 것이라서, 꿈이 담고 있는 '보상'의 실제 내용에 대한 정보를 얻을 수 없다. 대체적으로 꿈이 무엇을 말하고 있는지를 먼저 알고 있다면, 이미 꿈의 의미를 놓쳐 버린 것이다.

　심리치료의 한 과정으로 꿈 해석을 다룰 때, 일련의 꿈을 통해서 하나의 맥락도 발달 전개된다. 그렇게 해서 현재 꾸는 꿈에 등장하는 이미지들을 과거의 꿈에 나타났던 유사한 이미지들과 관련지을 수 있다. 또한 관련되어 있기는 하지만 서로 다른 이미지들의 경우에는 맥락은 같지만 서로 다른 관점들로 간주할 수 있고, 이런 이미지들은 숨겨진 의미에 대한 부가적인 단서의 역할을 할 수도 있다.

　꿈을 해석할 때 따라야 하는 원칙들이 있지만, 앞서 소개한 세 가지 기본적인 원칙이 가장 중요하다. 뒤이어 다룰 구체적인 꿈 사례들과 분석가의 경험을 통해서 실제 꿈 분석에서 이 원칙들이 어떻게 적용되고 있는지를 볼 수 있을 것이다. 어떤 꿈들은 전형적인 드라마의 구조에 아주 잘 들어맞는다. 어떤 상황이 있고, 복잡한 이야기가 전개되고, 사건들은 절정과 결말을 맞이한다. 이러한 드라마를 닮은 꿈들에서는 한 장면과 다른 장면들 사이에 예상하지 못한 연결들을 추적할 수 있다. 그래서 뒤따르는 장면은 어떤 의미에서 이전 장면에 있는 꿈속 자아의 행위가 '원인'이 되어 일어나는 것이다. 꿈속 자아의 움직임이 활발한지 어떤지를 관찰하는 것이 특히 중요하다. 이는 종종 깨어 있는 삶과 직접적인 대응 관계가 있음을 암시한다. 일반적으로 꿈속 자아가 참여하지 않는 꿈, 그러니까 꿈을 꾸면서 꿈속 자아가 마치 꿈 바깥에서 수동적인 관찰자처럼 있는 경우는 그것이 꿈꾼 이의 깨어 있는 삶에서 '바깥', 즉 무의식을 드러내는 경향이 있다. 또 다른 원칙은 이어지는 장들에서 논의할 것이다.

04
꿈-진단 도구

분석 초기의 꿈

앞으로 분석을 진행하게 될 내담자와 처음 만날 때, 꿈은 진단과 예후에 대한 정보를 준다. 꿈 해석이 철저한 임상 인터뷰와 정신상태검사[1]를 대신할 수는 없지만, 다른 임상 자료들과 적절하게 통합되면 큰 도움이 될 수 있다.

내담자의 지적 기능을 관찰할 수 있는 질문을 할 때, 최근 진행된

---

1) (역자 주) 정신상태검사(Mental Status Examination: MSE)는 흔히 의사의 기본적인 신체검사(문진, 시진, 청진, 촉진 등)에 비교되어, 정신을 다루는 의학자들이 환자의 심리사회적·인지적·정서적 기능과 시간과 장소에 대한 적응성을 결정하기 위해 만든 체계적인 평가기준을 가리킨다. 주로 환자의 정서, 사고 내용, 지각 기능, 인지 기능, 치료를 위한 요구와 동기 등을 관찰할 수 있는 항목들로 구성되어 있다.

꿈에 대한 중요한 연구는 초기 인터뷰와 자연스럽게 들어맞는다. 이 관찰은 흔히 다음과 같다. 사고의 흐름, 추상화 능력, 시간과 공간 및 상황 등에 대한 방향감각, 최근 기억과 먼 과거의 기억, 실제 상황과 가상 상황에 대한 판단, 감정 반응의 수준과 적합성 및 형태, 속담 해석에 의해서 드러나는 정신 기능의 최상이지만 흥미로운 측면들 등이다. 처음에 내담자들은 흔히 자신이 꾼 꿈에 대한 질문을 받으면 즐거워한다. 왜냐하면 일반 사람들에게 꿈 해석은 정신분석에서 하는 일의 자연스런 부분으로 생각되기 때문이다(정신분석은 일반적인 의미에서 단지 프로이트 학파만의 정신분석이 아니다). 사실상 대중은 일반적으로 꿈의 의미에 큰 흥미를 가지고 있지만, 많은 심층심리학자는 이러한 흥미에 대한 반응에 준비되어 있지 않다.

최근의 꿈들, 특히 첫 예약 이후에 꾼 꿈들(실제로는 예약 전에 꾼 꿈)은 내담자가 현재 가진 무의식적으로 기능하는 측면을 드러낼 수 있다. 초기 분석에서 꾼 꿈들은 때때로 제시된 문제가 장기적으로 어떤 결과를 보여 줄지를 가리키기도 한다. 예컨대, 오랫동안 여성의 옷을 즐겨 입었던 한 남성이 분석 초기에 꿈을 꾸었다. 꿈에서 그는 여성의 옷을 입고 있었는데, 옷이 저절로 스르륵 흘러내리기 시작했지만 놀라는 기색 없이 한 호텔의 주차장을 가로질러 걷고 있었다. 이 꿈은 동성애 요소가 전혀 없는 '복장도착증'의 성공적인 치료를 예상하는 것이었다. 치료 중에 위기의 시기와 어려운 점이 없었던 것은 아니지만, 비교적 단기간에 걸쳐 치료를 한 사례다.

성 정체성 문제를 가진 다른 남성의 꿈도 있다. 그는 초창기에 두 가지 꿈을 꾸었는데, 꿈은 불안에 대한 결정적인 해결을 가리키고 있었다. 이 남성은 동성애와 양성애를 모두 가지고 있었지만, 전적으로 이성애를 더 좋아했다. 불안을 느끼고 자존감이 낮을 뿐 아니라 동성애적으로 기능하는 것은 확실히 오이디푸스 문제와 관련되어 있는 듯했다. 말하자면, 좀 더 정신역동적인 의미에서 그는 정서적으로 아버지의 부재를 보상받기 위해 남성적 관계를 찾고 있었다. 그가 초창기에 꾼 두 가지 꿈은 무의식이 성공적인 결론에 이르기 위해서 그 문제를 철저하게 살펴볼 준비를 하고 있었음을 보여 준다.

〈꿈 1〉

　나는 어떤 추잡하고 불쾌한 '섹스 소굴'인지 아무튼 어떤 굴속에 있었다. 나는 의식을 치르는 것처럼 누군가의 술을 다 마신다. 이 장면이 바뀌고 나는 가지가 많이 달린 어떤 큰 나무 위에 있다. 나는 내려갈 수 없다. 주위에 다른 사람들이 있고 라디오가 켜져 있다. 나는 결국 누구도 나를 내려 주지 않을 것이라서 뛰어내려야 한다는 것을 알아챈다. 나는 도와달라고 소리쳤지만, 아무런 도움도 받지 못했다. 그러자 두 남성이 와서는 그들이 서 있는 다리 위에서 내가 매달려 있는 나뭇가지로 널빤지 하나를 걸쳐 놓았다.

〈꿈 2〉 (이틀 후)

　나는 하와이의 호놀룰루에 있는 어떤 건물에서 한 남성과 있다. 우리는 동양식 욕탕이 있는 지하실로 가서, 서로 다른 수영장에서 첨벙대고 있었다. 그러고 나서 우리는 디즈니월드에 있는 놀이기구처럼 벨트가 있는 의자에 앉는다. 그는 벨트를 채우는 법을 알고 있었지만, 나는 사용방법을 배운 적이 없다. 그런데도 나는 놀이기구를 끝마칠 때까지 그렇게 있었다. 의자는 놀이기구를 타는 동안 물속을 들어갔다 나왔다 했다.

분석 초기의 두 꿈에서 사고 없이 안전하게 땅으로 내려오려 하거나(꿈 1) 놀이기구를 안전하게 끝마치려는(꿈 2) 주제를 볼 수 있다. 하지만 긴장과 불안감을 느낄 수 있다. 첫 번째 꿈에서, 꿈속 자아가 책임감을 인정하고 필요하다면 뛰어내리는 것을 결심할 때만 도움이 현실화된다. 두 번째 꿈에서, 꿈꾼 이는 자기 친구처럼 성공적이지는 못했지만 어쨌든 안전하게 놀이기구 타기를 끝마칠 수 있었다. 이 두 꿈은 자신의 남성 정체성을 굳건히 한다는 의미에서 어떤 '좋은' 결과를 암시했다. 몇 주가 지나서 그는 여성과 만족스러운 관계를 시작했으며, 동성애적인 접촉이나 생각이 사라졌다. 이와 동시에 그는 부모에 대한 관계에서 좀 더 독립적인 입장을 나타낼 수 있다는 느낌을 가지기 시작했다.

이 두 꿈은 예후적 의미로만 여기에 제시한 것이다. 하지만 이 꿈들은 확실히 유용한 관점도 많이 가지고 있다. 예컨대, '나무 위에' 있다는 것은 일상 언어로 보자면 어떤 어려운 상황, 말하자면 샤머니즘의 입무(入巫) 의식을 흉내 내고 있음을 암시한다. 이는 때때로 나무에서 일어나는 것으로 형상화되는 것이며, 개인 정신에 있어서 중심을 형성하는 과정에 빈번하게 등장하는 상징인 세계수(世界

樹)나 악시스 문디(axis mundi, 세계의 축)라는 주제를 가리키는 원형
적 수준에서 생겨나는 것이다.[2]

연속되는 꿈의 관련 이미지

신경증적 패턴이 점차 해소되어 가는 일이 몇 달, 심지어는 몇 년
에 걸쳐서 꿈에 자주 나타날 수도 있다. 한 여성이 그러한 사례를
보여 주었는데, 그녀는 어린 시절 가족생활에서 두드러진 혼란을
겪고 있었다. 이 여성은 어린아이였을 때 알코올 중독자였던 아버
지가 그녀를 정서적으로 지지해 주었던 주 원천이었다. 그래서 만
일 그녀가 아버지를 돌보려 애쓰지 않았다면, 그녀는 죄의식을 느
꼈을 것이다. 그녀의 어머니는 딸에게는 '높은' 기준의 성공을 보여
주었던 성공한 전문직 여성이었다. 그러나 어머니는 실제로 그녀
에게 정서적인 칭찬을 해 준 적이 거의 없었다. 내담자는 결혼 문제
로 심리치료를 받고서 이혼을 결심했지만, 치료사와 성적 관계에
빠지게 되면서 나중에 그와 결혼했다. 하지만 그녀는 첫 번째 결혼
에서 느꼈던 반복되는 성적 불감증을 경험했다. 섹스를 시도할 때

---

2) (역자 주) 세계수(world tree)는 우주와 생명의 근원을 나무의 형상으로 상징한 것이
다. 북유럽 신화에 등장하는 거대한 물푸레나무인 위그드라실(Yggdrasil), 단군신화
의 신단수가 대표적이다. '세계의 축'은 하늘과 땅을 연결하여 통합하는 중심에 있는
상징적 연결점을 가리킨다. 나무의 상징이 대표적이며, 천상을 오르는 야곱의 사다
리나 천지인(天地人)의 인(人)이 대표적이다.

마다 그녀는 자주 분노하였다. 그래서 그녀는 융 학파의 치료를 시작했다. 개인치료와 집단치료를 통해서 도움을 받았고 지적인 통찰도 얻게 되었다. 하지만 항상 정서적 요인과 관련된 지속적인 심리신체적인 문제로 인해서 여러 차례 입원치료를 해야만 했다.

그러던 중에 아주 흥미로운 사실을 보여 주는 사건이 초기 집단치료 시간에 일어났다. 그녀는 자기 아버지와 맺은 관계와 유사하게 평소 다른 치료자들에게 도움을 베풀었고 통찰력도 풍부한 사람이었다. 하지만 집단치료에 참여한 남성 내담자들이 그녀의 도움을 거절했을 때, 그녀는 갑작스럽게 엄청난 분노를 발산하면서, 처음으로 자신의 밑바닥에 있던 억압과 연관된 분노를 보여 주었다. 이 즈음에 그녀는 꿈을 꾸었다.

> 강아지 두 마리에게 젖을 물리고 있는 어미 개가 거리를 따라 힘겹게 느릿느릿 가고 있었다. 강아지 한 마리가 길에서 넘어져 차에 치었다. 강아지는 폭탄이 터지듯 터져 죽었다.

강아지가 폭탄처럼 터져 죽은 이 충격적인 이미지는 그녀가 가진 의존성 문제를 상징하고 있으며, 무의식적 분노는 그것과 관련되었다. 깨어 있을 때 생활하면서 겪는 많은 상황은 타인들을 돌보는 데 지친 심정(희생적인 어미 개)과 자신의 의존성(터져 죽은 강아지)에서 생겨난 폭발적인 분노, 이 둘 가운데 하나와 무의식적으로 동일시하는 것에 연결되어 있을 수 있다. 의존성 욕구는 결코 완전하게 충족될 수 없으며, 이 때문에 성인의 성숙과 독립성을 가질 수 없다.

　그녀는 두 번째 이혼을 한 뒤로도 분석을 계속했으나 한동안 남성들과 개인적인 교제를 피했다. 이 시기 동안에 그녀는 다음과 같은 꿈을 꾸었다.

　　나는 피라미드 속인 것 같은 어떤 이집트식 방에 있다. 주변보다 높은 제단이나 관짝인지 잘 모르겠는 그런 곳에서 어떤 이집트 공주라는 사람이 산고를 겪다가 막 아이 하나를 낳는다. 그 높은 곳에 있는 바닥에서 나는 (아버지 형상 같은) 어떤 사람에게 강간을 당하고 있다. 그 사람은 내가 도망치려 할 때면 한 자세로 잡아 두었다. 나는 저 공주가 아이를 낳게 되면, 그녀의 남편이 와서 강간을 당하고 있는 나를 구해 주었으면 하고 바란다.

　이 꿈은 명백하게 그녀의 어머니와 갈등관계에 있는 것보다 아버지 콤플렉스가 그녀의 마음에서 훨씬 더 적극적으로 활동하고 있음을 보여 준다. 또한 새로운 삶의 가능성을 보여 주고 있다. 이는 자아에 의해서 시작되는 변화가 아니라 아버지와 근친상간하는 꿈에서 상징으로 나타난 무의식의 패턴으로부터 꿈꾼 이를 구해 줄 수 있는 어떤 변화를 암시하고 있다.

　의미심장하게도 이 꿈을 꾼 직후에 그 여성은 꿈속에서 이집트 공주로 나타났던 여성의 남편과 성관계를 맺게 되었다. 이는 확실히 꿈꾼 이의 내적 구원자(공주의 남편)에 대한 투사를 깨어 있을 때의 실제 남자에게 한 것이다. 짧은 행복의 시간이 지난 뒤에 그들의 관계는 끝났고, 그녀는 극심한 우울에 빠지게 되었다. 하지만 그녀는 이런 우울이 외부 세계에서 벌어진 삼각관계 상황과 관련된 것이 아님을 알았다. 어느 정도 시간이 흐른 뒤에 그녀는 다음과 같은 꿈을 꾸었다.

> 나는 어머니에게 선물 하나를 주고 있었고, 어머니는 실제로 늘 했던 것처럼 반응했다. 어머니는 내가 주는 것은 그 무엇이라도 전혀 좋아하지 않았다. 나는 절대로 어머니를 기쁘게 할 수 없다. 이윽고 나는 어머니가 왜 기뻐할 수 없는지를 알게 되었다. 그녀는 죽었던 것이다! 내가 처음 결혼했을 때 어린 아이들과 보곤 했던 드라마에 등장한 한 의사가 꿈속에 나타났다. 그는 그 드라마에서 남들을 돕는 선한 의사였다.

이 꿈은 어머니 콤플렉스의 '죽음'과 연관된 어떤 새로운 자각을 가리키는 것처럼 보이지만, 그녀의 임상적 우울의 직접적인 변화는 거의 없었다. 그녀는 여전히 자신의 마음을 괴롭히는 그 남자에게서 도망치기 위해 다른 도시로 이사하려는 생각으로 고민하고 있었다. 이 당시 그녀의 신경증에 하나의 전환점을 보여 주는 것이 분명한 꿈을 꾸었다. 그녀는 그 꿈을 꾸기 전에 심한 우울증과 심리신체적인 문제들로 고통스러워하고 있었다. 그 꿈을 꾸고 일어난 아침에 그녀는 '조증'인 듯 행복했고, 더욱 중요하게는 자신을 내내 괴롭혀 왔던 심리신체적 불편함이 없어졌다고 표현했다. 그 꿈은 다음과 같았다.

　　나는 어머니와 어떤 방에 있다(어머니는 이전 꿈에서 죽었고, 실제
로 돌아가셨다). 나는 어떤 남자에게 섹스를 하자고 애원하고 있다. 그
는 정말로 그렇게 하고 싶지 않았지만, 그가 말하듯 '이번이 마지막'이
기 때문에 섹스에 동의한다. 장면이 바뀌어서 나는 죽은 아기인지 죽
은 개인지 모를 어떤 것이 있는 피로 찬 수영장을 본다. 그것은 섬뜩한
광경이지만, 어쨌든 이미 죽은 것이기 때문에 왠지 괜찮다.

　그녀가 남자에게 섹스를 애원하는 것은 오직 강간으로 경험되
었던 것의 배후에 있는, 이전에는 알지 못했던 욕망을 보여 준 것이
다. '아기 혹은 개'에 대한 그녀의 연상은 이전에 터져 죽은 강아지
의 꿈에 대한 것이었다. 그녀의 신경증 문제의 기저에 있는 아버지
콤플렉스가 해소되고 있는 장면은 꿈에서 한 남자의 말에 반영되
어 있었다. '이번이 마지막이야.' 잘 낫지 않았던 심리신체적 증상
들이 갑자기 사라진 것은 콤플렉스들의 패턴에 어떤 실제적인 변
화를 가리키는 것이라는 꿈의 해석을 더 확신에 차게 해 주었다. 콤
플렉스들의 패턴은 일종의 대상관계 패턴인데, 이는 그녀의 두 가
지 기본적인 신경증적 동일시의 도식인 듯하다. 이 동일시는 자신
을 누군가를 보살피는 사람이나 타인들에게 의존감을 느끼는 사람
으로 여기는 것이었다. 꿈에 나타난 그녀의 어머니는 또한 어머니
콤플렉스의 개입을 암시한다. 그러나 그 문제는 꿈의 적극적인 주
안점은 아니고, 이집트 공주의 꿈에서도 주된 강조는 아니었다. '아
기 혹은 개'의 죽음은 '이번이 마지막'이라는 것과 관계되는 장면이
있는데, 만일 그것이 '개'였다면 그녀의 의존성 문제를 나타내는 터

져 죽어버린 개와 연결될 것이다.

그것이 (진짜 인간이 될 가능성에 대한 죽음을 가리킬 수도 있는) 아기였는지 (뒤에 인간의 형상으로 다시 나타나는 어떤 동물적 본능의 희생을 암시하는) 개였는지에 대한 불확실함은 다음 날 밤에 꾼 꿈에서 분명하게 드러났다.

> 나는 밤새 두 가지가 나오는 꿈을 꾸었다. 그것들이 마치 밤새도록 내 머리를 들락날락했던 것 같다. 하나는 납작하게 눌려 죽은 다리가 많이 달린 '바퀴벌레'였다(그녀가 이를 그린 그림은 아이들이 보통 그리는 사방으로 빛을 뻗어 내는 둥근 태양과 닮았다). '바퀴벌레' 다음에는 조그만 담요에 조심스럽게 말아 놓은 죽은 쥐였다. 그 쥐는 크고 푸른색을 띠면서 꿰뚫어 보는 눈을 가지고 있었는데, 꼭 사람 같았다.

바퀴벌레에 대한 그녀의 연상은 세상에서 가장 혐오스러운 것 중 하나였다. '휴스턴에 사는 커다란 바퀴벌레' 그녀는 그 그림이 '너무 많은 다리'를 가진 것에 주목했다. 바퀴벌레 형태는 또한 그녀에게 청소년 시절에 유행했던 '실밥 개' 인형을 떠올리게 했다. 이 시절은 아버지와 엄청나게 강렬한 상호작용을 했던 때였다. 그녀는 침대 위에 바퀴벌레 다리처럼 사방으로 뻗친 뜨개실 '머리털'을 가진 실밥 개를 가졌던 것을 기억한 것이다. 꿈에서 나온 다른 이미지들과 함께 이 연상은 전에 꿈에 나온 것이 아기보다는 죽은 개라는 것을 암시한다. 그 이유는 이렇다. 만일 그녀의 정신이 두 꿈에서 똑같이 배열된 콤플렉스들과 연관된다면, 비록 이미지의 변화는 서로 다른 이미지들에 의해서 나타난 콤플렉스의 뉘앙스를 표현할 수도 있지만, 한 꿈에서 죽은 것으로 나타났던 것은 다른 꿈에서도 죽은 것으로 나타났을 것이다. 두 번째 꿈에서 '죽은' 것들은 인간의 눈을 닮은 쥐이기는 했어도 분명히 인간은 아니기 때문에, 이전의 꿈은 죽은 아기의 상징으로 나타났던 인간이 될 가능성의 죽음보다는 개의 죽음을 나타낸 것이라고 보아야 할 것이다.

이러한 일련의 꿈은 임상적 꿈 해석에서 중요한 점을 많이 예증하고 있다.

첫째, 연관된 꿈 이미지들의 순서는 예후가 호전되는 느낌과 그렇지 않다면 좀 더 모호할 수도 있는 이미지들에 대한 이해를 할 수 있게 해 준다.

둘째, 일련의 꿈에 대한 이미지는 유사하지만 동일하지는 않다. 즉, '개', '아기 혹은 개', 납작해진 '바퀴벌레', '죽은 쥐' 등의 서로 다른 이미지는 똑같이 기저에 있는 콤플렉스를 나타낼 수 있다는 것을 보여 주고 있다. 실제로 인간의 눈을 닮은 죽은 쥐 또한 초기의 꿈과 연관될 수도 있다. 이 꿈에서 꿈속 자아는 '인간의 눈을 가진 어떤 커다란 물고기'를 요리했는데, 이는 타인들에 봉사하는 자기희생을 의미하는 성찬식의 의미를 함축하고 있는 것이다.[3]

셋째, 꿈들의 본성이나 흐름의 변화는 꿈속 자아의 역할이 점차

---

3) (역자 주) 원형 해석을 하고 있다. 물고기는 기독교 문화에서 '떡 5개와 물고기 2마리'의 기적이나 성찬식(예수 최후의 만찬)에 등장을 하고, 구세주 예수를 가리키는 상징으로 잘 쓰인다.

커져 가는 움직임과 일치하고 있다. 비록 불변하는 것도 아니고 꿈 해석의 '규칙'도 아니지만, 배열된 꿈의 구조가 전환된 다음에는 종종 꿈속 자아의 움직임이 뒤따르는 것 같다. 꿈속의 그 '움직임'이 신체적 행동보다 태도의 한 가지 변화에 불과할 뿐이라도 말이다.

넷째, 이 일련의 꿈은 어떻게 꿈속 자아가 꿈속에서 그려 낸 신경증의 콤플렉스 구조에 계속해서 더욱더 연루될 수 있는지를 예증한다. 즉, 터져 죽은 강아지 꿈에서 꿈속 자아는 단지 수동적인 관찰자에 불과했고, 이집트 공주의 꿈에서 꿈속 자아는 행동하기를 원했지만 그럴 수 없었으며, 어떤 남자에게 섹스를 애원하는 꿈을 꾸고서 꿈속 자아는 마침내 적극적이 되었다. 그럼 이 움직임이 원인이 되어서 그 남자는 "이번이 마지막이야."라고 말하게 되었는데, 바퀴벌레와 쥐의 '죽음'도 이 움직임이 원인일까? 이는 꿈속에서의 원인과 결과에 대해 의문을 제기하는 것일 뿐이며, 어떤 결정적인 해답이 있는 것은 아니다.

이 여성의 확장된 일련의 꿈은 내가 골라내서 제시한 것이기는 하지만, 성적 특색이 부여된 지배와 복종의 형식을 가진 콤플렉스들의 지속적인 구조를 나타내고 있음을 아주 잘 보여 주고 있다. 꿈속 자아와 깨어 있는 자아는 다양한 시간 속에서 패턴의 한쪽 극 혹은 다른 쪽 극과 동일시하고 있다. 그녀가 기초적인 임상적 호전을 보였을 때 꿈들의 흐름은 그 패턴의 두 극 사이를 오가는 또 다른 진동을 보이면서 끝난 것이 아니라, 패턴 그 자체의 '죽음'으로 끝났다. 이는 심리학적으로 기저에 있는 콤플렉스의 무력화를 가리킨다.

감별진단[4]

　최초의 꿈들은 불안 신경증이나 우울 신경증과 같은 다양한 진단을 감별하는 데 도움을 줄 수 있다. 꿈은 신경증, 정신병, 성격적이거나 생리적인 문제들을 구별하는 데 유용할 수도 있으며, 이 모든 것이 겹치는 종합적 증상으로 나타날 수도 있다. 진단 용어들은 다양한 진단 체계에 따라(예를 들면,『DSM』) 다른 용어를 사용할 수도 있다. 하지만 기본적인 임상적 증상들은 상대적으로 변하지 않는다. 기본적인 신경증 패턴들은 불안과 우울증의 다양한 분열 정도와 혼합되어 나타난다.

◎ 우울증

　순수한 심인성에서부터 생리적인 것까지 우울증에 대한 많은 이론이 있지만, 심인성 우울증은 의식에서 충분하게 표현되지 못한 분노와 어느 정도 관련되어 있다는 것이 일반적인 사실이다. 분노는 전형적으로 현재든 과거든 주위의 어떤 사람을 향해서 일어나며, 이차적으로는 그 결과로 우울증이 되면서 자아 이미지 그 자체

---

4) (역자 주) 감별진단(differential diagnosis)은 환자에 대해서 얻은 모든 정보를 기초로 해서 도출되는 질환들과 유사한 질환들을 비교 · 감별함으로써 가장 합리적인 진단을 결정하는 과정이다.

로 전환된다. 이러한 전형적인 심리적 역동은 종종 꿈에서 특별히 명료하게 드러나며, 진단을 위한 한 가지 지표가 될 수 있다.

깨어 있을 때의 자아에 의해서 우울증으로 경험되는 것은 꿈에서 꿈속 자아를 공격하는 또 다른 형상으로 나타나는 것 같다. 앞절에서 논의한 여성이 꾼 꿈의 경우, 죽은 '개 혹은 아기'의 꿈에서 그녀가 성적으로 공격자의 역할을 할 때 우울증이 생겨나기 시작했다. 그러나 이집트 공주의 꿈에서 그녀는 여전히 우울한 상태였으며, 아버지와 같은 어떤 공격적인 형상에 의해서 원치 않은 섹스를 강요당했다.

분노와 우울증이 섞인 복합 증상을 경험하면서, 또한 이 사실을 의식적으로 인지하고 있었던 어떤 여성이 있었다. 그녀의 이런 증상은 남편의 외도 사실을 알게 되면서 시작되었다. 이 여성은 다양한 벌레와 파충류가 자신을 위협하는 꿈을 꾸었다. 하지만 그녀가 외부 상황에 대해 좀 더 단호하게 맞섰기 때문에 우울증이 생겨났다. 초기 꿈에서 그녀는 야심한 밤에 홀로 사막에 있었다. 선인장과 전갈이 그녀를 둘러싸고 있어서 꼼짝하지 못하고 두려워하였다. 그 후 몇 주가 지난 뒤에 꾼 꿈에서, 그녀는 대학 캠퍼스(혹은 학교)에 있는 인도인 듯한 길을 걷고 있었다. 그 길 주위에는 뱀과 낯선 사람들이 있었으며, 밤이 아니고 낮이었다. 초기 꿈들에서 나타난 공격적이면서 인간의 모습을 하지 않은 이 형상들(벌레, 파충류, 전갈, 선인장 등)은 그녀가 표현하지 못한 공격성으로 볼 수 있는데, 이는 그녀의 진실한 감정을 강하게 드러내려는 욕구를 나타낸다. 그녀가 이런 식으로 자신의 욕구를 드러내자, 꿈속 이미지들은 덜 위협적이게 되었다.

◎ 불안

여러 내담자에게서 전형적인 불안을 나타내는 꿈을 많이 볼 수 있다. 주목할 만한 세 가지 주요한 형태가 있다. 물론 불안은 꿈속에서 다양한 형태를 띨 수 있지만, 이 세 가지 형태가 특히 자주 일어난다.

① 시험을 준비하지 못한 꿈
② 어떤 위협적인 사람이나 생명체에 쫓기는 꿈
③ 꿈속 자아에게 신체적 위험을 암시하는 꿈(예: 높은 곳에서 추락하거나, 지진, 해일, 산불 등과 같은 자연 재해로 위협당하는 꿈. 하지만 꿈속 자아를 해치려는 동기는 없다.)

시험에 대한 꿈은 하나의 상투적인 형태를 가지고 있다. 꿈속 자아는 보통 대학이나 고등학교 입학시험과 같이 시험 날짜가 정해져 있지만, 어떤 이유 때문에 시험을 준비하지 못했음을 알아챈다. 예를 들자면, 시험공부를 하거나 그 과목을 듣는 것을 잊어버렸다든지, 아니면 시험을 치는 장소를 모른다든지 하는 내용이다. 아니면 꿈속 자아는 시험 시간에 늦을 수도 있다. 내 경험으로 보자면, 그러한 꿈들은 쫓기거나 떨어지는 훨씬 더 원시적인 꿈들보다 좀 더 구조화되어 있다. 시험이란 집단 기준에 의한 평가를 나타내기 때문에, 그것은 페르소나의 불안을 가리킨다. 곧 "저 사람은 괜찮은 음악가인가?", "저 사람은 정말 자기가 맡은 일을 잘할 수 있어?" 등과 같이, 다른 사람의 이목에 어떻게 보일지에 대한 불안, 혹은 주어진 사회적 역할에 적절한 건지 아닌지 하며 느끼는 불안 등이다.

쫓기는 꿈은 좀 더 원시적인 본성을 가진 불안을 가리킨다. 하지만 이는 지진이나 세상의 종말과 같은 자연 재해에 대한 꿈이나 떨어지는 꿈들처럼 그다지 구조화되어 있지 않다. 꿈속 자아를 쫓고 있는 것이 무엇인지를 주목하는 것이 중요하다. 사람인가? 여성 아니면 남성인가? 동물이나 괴물, 혹은 '외계인'인가? 꿈속 자아는 하나의 대상에 의해 쫓기는가, 아니면 나방과 같이 '무리'에 의해서 쫓기고 있는가?

때때로 쫓고 있는 사람이나 대상에 아주 흥미로운 사실을 드러내는 변화들이 있다. 처음에 그것은 두려움으로 나타날 수 있지만, 그것이 다가옴에 따라 꿈속 자아가 느끼는 두려움을 정당화할 수 있는 어떤 공격의 표시도 없을 수 있다. 어떤 한 남성이 꿈을 꾸었다. 꿈속 자아는 가로수 등불이 환하게 밝은 곳에 서 있었고 어둠 속에서 그를 향해 커다란 괴물이 다가오는 꿈이었다. 그러나 그 '괴물'이 실제로 불빛 아래로 다가왔을 때는 쥐새끼 한 마리에 불과했다. 아마도 어둠 속에서 그것은 **괴물이었지만**, 꿈속 자아를 둘러싸고 있는 의식이라는 '불빛'에 다가오자 변형되었다. 꿈속이든 깨어 있을 때든 자아와 연관된 콤플렉스들은 자아와 접촉하지 않아서 무의식적인 콤플렉스들처럼 행동하지는 않는다.

어떤 여성이 꾼 꿈이다. 그녀가 욕실에서 수도꼭지를 틀었을 때 어디선가 성난 악어 한 마리가 나왔다. 그놈은 그녀를 쫓아 온 집안을 돌아다녔다. 그러나 그녀가 현관문을 열고 빗자루로 그놈을 몰아서 밖으로 내보내자, 그놈은 햇빛 속에서(의식) 귀여운 강아지로 변했다. 또 다른 여성은 이런 꿈을 꾸었다. 그녀가 창문의 블라인드를 걷자 창문 유리에 달라붙어 있는 아주 커다란 거미 한 마리를 보았고, 이 때문에 꿈속 자아는 소스라치게 놀랐다. 그 거미는 천천히 움직여서 앞마당(의식의 또 다른 상징)으로 걸어 내려갔고, 그놈도 귀엽고 앙증맞은 강아지로 변했다.

위협적인 꿈 이미지의 변형은 보통 동화 속에서 일어나는 일과 유사하다. 예컨대, 개구리는 왕자가 되고, 짐승은 잘생긴 젊은 사내가 되는 식이다. 그러한 변형들은 특별히 동물이나 사물이 사람으로 변할 때는 무의식의 내용물들이 가진 '욕망'을 생생하게 보여 주는 것 같다. 말하자면, 무의식은 의식이 되어서 자아의 삶에 참여하고 싶은 것이다. 이는 꿈에서 무의식적 내용물들의 원시적 본성의 변형으로 나타나며, 인간의 영역으로 향하는 움직임으로 드러난다.

꿈속 자아를 쫓는 공포스러운 미지의 '어떤 것'은 꿈속 자아를 위협하고 있는 것이지만, 자아가 깊게 개입해 있는 개성화 과정을 위협하는 것은 아닐 수 있다. 쫓고 있는 '어떤 것'이 실제로 꿈속 자아에게 해를 끼치려 하고 있다는 어떤 분명한 표시가 있는지를 알기 위해서 꿈을 탐색해 보라. 그것은 자아와 접촉하려고 애쓰고 있는 꿈꾼 이의 어떤 무의식적인 측면을 나타내는 것일 뿐이다. 만일 꿈속 자아가 그 접촉에 저항하고 있다면, 훨씬 더 공격적이고 위협적일 수 있다. 그림자의 내용물이나 특성들은 개성화가 진행되는 이후의 단계에서는 자아에게 잠재적으로 가치가 있다고 하더라도, 현재의 자아 이미지 앞에서 대부분은 항상 엄청나게 위협적인 모습을 띠고 나타난다.

예를 들면, 다음은 극심하게 부정적인 어머니 콤플렉스를 가지고 있으면서 직장생활을 하고 있었던 어떤 여성이 꾼 꿈이다.

> 나는 침대에서 자고 있는데, 1920년대나 1930년대쯤에 지어진 오래된 집에 있는 침대였다. 나는 문을 세차게 두드리는 소리를 듣고서 공포에 사로잡혔다. 왜냐하면 남편은 도시에 나가 집에 없었고 아이들하고만 있었기 때문이었다. 나는 누가 문을 두드리는지 알아야 한다고 퍼뜩 정신을 차리고 일어났다. 뒤쪽 베란다에 어떤 번쩍이는 불빛이 있는 것을 보고서 너무 무서웠다. 경보기의 '비상 단추'를 눌렀지만, 경보 장치는 작동하지 않았다. 전기선이 불통이었다. 전기 줄이 잘려진 것일까? 다시 문을 세게 두드리는 소리가 나자, 문 앞에 누가 있는지를 알아야겠다고 생각했다. 나는 몹시 두려웠지만, 현관문을 나가자 거기에는 경찰들이 있었다. 경찰들은 비행기 사고가 있었다고 말해 주었는데, 그 비행기에 남편이 타고 있었다. 생존자가 한 명이라도 있을 턱이 없다. 나는 내가 얼마나 남편을 사랑했으며, 얼마나 그의 안전 때문에 두려웠는지를 깨달았다.

그녀의 '집'에 들어오려고 애쓰는 것이 두려움을 느끼게 했고, 그녀는 그것이 자신을 해치려 한다고 생각했다. 하지만 대신에 그녀는 실제로 꿈속에서 그것과 대면했을 때 남편에 대한 사랑과 관심에 대한 보상적인 느낌이 들었다. 이는 남편에 대한 그녀의 심층에 있는 느낌이 다소 무의식적이었다는 하나의 표시다. 그녀는 남편이 침대 곁에서 자고 있다는 것을 깨닫고 깨어났지만, 미처 꿈에서 깨지 못하고 아직 너무 깊이 머물러 있었기 때문에 몇 분 동안 남편을 만지는 것도 주저했다. 남편이 거기에 **없을**지도 모른다는 두려움 때문이었다. 몇 시간 동안 그녀는 꿈이 준 충격에 빠져 있었고, 쉬이 사라지지 않는 꿈에 담긴 의미로 인해서 남편에 대한 자신의 진정한 사랑을 깨닫는 뜻깊은 변화를 겪었다. 그녀는 자신의 신경증적인 근심을 겪으면서 남편을 그냥 당연한 듯이 여기는 경향이 있었다.

꿈속 자아에 대한 신체적 위험은 물론 깨어 있는 자아에게는 위험한 것이 아니다. 다만 그러한 꿈과 연관된 정서가 자는 동안 심혈관계에 압력을 높일 수도 있다. 꿈속 자아를 진짜로 신체적 위험에 빠트리는 가장 널리 퍼져 있는 '불안 꿈'의 형태는 높은 곳에서 떨어지는 꿈이다. 민간의 믿음에서 그런 꿈을 꾸면서 '떨어져 바닥을 치면' 실제로 죽는다고 하는데, 이건 별로 근거가 없는 것 같다. 드물지만 어떤 사람이 바닥에 떨어져서 완전히 부딪히는 꿈을 꾸었는데, 만일 그 꿈이 계속된다면 보통은 꿈속 자아의 상황이나 상태에 어떤 전환이 생긴다. 즉, 아마도 다치지 않았다는 것을 알게 되거나, 그다지 높지 않은 곳에서 떨어졌다는 것을 알게 되거나, 아니면 꿈속에서 '죽어서' 자기 시신을 보고 있을 수도 있다.

그런 꿈을 꿀 때 가장 흔한 결말은 깜짝 놀라서 잠이 깨는 것이다. 말하자면, 떨어지는 동안 꿈속 자아가 깨어 있을 때의 자아 정체성 속으로 '떠올라 드러나는' 것이다. 꿈속 자아가 깨어 있는 자아로 전환하는 것은 꿈에서 빈번히 일어나는 문제 해결을 암시하는 조짐이므로 잘 살펴야 한다. 그러한 깨어남은 꿈의 작용이라는 점에서 분명히 너무 일찍 일어난 것이지만 불안 상태에서 벗어나는 것으로 보일 수도 있다. 하지만 때때로 그것은 어떤 상징적인 의미를 갖기도 한다. "여기서 어서 깨어나!", "깨어나!"라는 이 의미는 꿈의 목적 부분으로 보인다. 앞서 예를 든 그 꿈에서 그녀는 경찰에게 남편이 죽었을지도 모른다는 말을 듣고 남편에 대한 자신의 적극적인 감정을 차츰 알아채면서 깨어났다.

꿈속 자아에게 신체적인 위험이 있다고 단순하게 생각하는 것을 넘어서, 꿈 안에서 그 의미에 대해 평가해 보는 것이 중요하다. 꿈은 맥락에 따라서 다양할 것이기 때문이다. 어떤 남자가 꿈을 꾸었다. 꿈에서 창이 날아와서 그를 스쳐 지나갔고, 이어서 그는 창을 던진 '말을 탄 몽고인'에게 그 창을 되돌려 던졌다. 꿈꾼 이는 자신을 공격한 사람에게 다만 창을 돌려주려는 의도로 창을 던졌을 뿐인데, 그의 행동은 의도치 않게 공격한 사람의 화를 돋우게 되었다. 이 꿈은 비교적 흔한 주제를 보여 주고 있다. 꿈속 자아는 자신을 위해서 적극적이 되도록 자극받은 것이다. '공격하는' 형상은 꿈속 자아에게 더 공격적인 반응을 원하는 것처럼 보일 수 있다. 이어서 똑같은 주제를 암시하는 꿈을 꾸었다. 사악한 모습을 하고 화가 난 어떤 여성이 꿈속 자아에게 삼지창을 던지는 꿈이었다. 하지만 꿈속 자아는 사악한 여성이 그에게 대항할 수 있는 무기를 주었고, 그는 그렇게 해서 창에 찔려 죽을 뻔했던 수많은 '죽은' 동물을 살려 주었다는 것을 깨닫게 된다.

그래서 꿈속 자아에 대한 공격은 어떤 더 깊은 목적, 즉 개성화 과정에 기여할 수 있다. 이 과정은 전 생애에 걸친 개인 발달의 전체 패턴과 관련되어 있으며, 기저에 놓여 있으면서 계속 작동하는 과정에 의해 삶의 특정한 단계에 있는 우세한 자아 이미지와 관계된 것이다. 개성화 과정은 꿈들과 깊게 연결되어 있다. 이 때문에 꿈속에서의 행위는 꿈속 자아에 반대하는 것일 수도 있다. 하지만 그 행위의 진정한 목적은 진아와 관련해서 자아를 확장하거나 변형시키는 것이다.

지진과 같은 엄청난 자연 재해에 대한 꿈은 꿈속 자아 자체에 대한 직접적인 힘이라기보다는 자아 상태의 배경에 대한 변화를 보여 준다. 이론적으로 보자면, 객관적 수준에서 그러한 꿈들이 집단적 상황의 어떤 다급한 변화를 나타낼 수도 있다. 예컨대, 융이 꾼 꿈들의 의미는 제2차 세계대전의 조짐을 나타내고 있었다. 하지만 융은 존 프리먼(John Freeman)과 나눈 영국 BBC의 좌담에서 오늘날 현대인들은 자연적인 것이든지 인위적인 것이든지 세계적인 참사가 일어날 가능성에 대해 의식적으로 잘 알고 있으므로, 그런 꿈을 자신만이 꿀 수 있다고 말하지는 않았다. 이런 참사들의 이미지 때문에 의식적인 집단적 세계에서 평화와 진보를 바라는 기대를 무의식은 꿈을 통해서 보상해 주지 않는다.[5]

재난이 등장하는 꿈들은 의식을 지배해 왔던 자아 이미지의 암

---

5) *Face to Face*, BBC Production, 1961.

시적 배경에 잠재적으로 급격히 일어날 수 있는 폭력적인 변화를 가리킨다. 이 꿈들은 잠재적으로 자아 이미지 구조에 어떤 중요한 변화들이 일어날 것임을 보여 준다. 그러한 변화들은 치료적으로 제어될 수 있다면 변형될 수 있다. 그러나 아무런 제어가 없이 꿈들이 등장한다면 우울증과 불안, 심지어는 정신병과 같은 엄중한 임상 상황을 강하게 암시할 수도 있다.

◎ 정신병

조현병이나 다른 정신병적 과정에 대한 진단을 고려할 때, 꿈들은 질병의 진단과 경과를 주의 깊게 살피는 데 유용하다. 때때로 꿈들은 약물 처방을 늘리는 것이 바람직한 시기나 궁지에 몰린 자아에 대해 입원치료와 같이 더 나은 치료 수단을 고려할 때 도움을 줄수도 있다. 그러나 아쉽게도 이를 위해 꿈을 해석하는 기술은 전달하기가 쉽지 않다. 왜냐하면 변치 않는 확실한 지표가 될 수는 없다는 생각이 들기 때문이다. 하지만 생각해 볼 수 있는 단서들은 꿈을 꾸는 바로 그 특정한 사람의 맥락에서 찾을 수 있을 것이다. 꿈의 맥락은 그 특정한 사람이 꾼 일련의 꿈에서는 의미가 있다고 해도 다른 사람들에게까지 쉽게 일반화할 수 없기 때문이다. 예컨대, 개별적인 꿈속 자아에 대한 위험을 가리키는 꿈의 주제가 아니라, 꿈에 드러난 어떤 특이한 이미지로 불릴 수 있는 모습이 한 가지 지표가 된다. 가령, 피부가 없는 채로 돌아다니는 어떤 동물의 모습이나 세상을 폭파하려고 위협하는 미친 사람의 모습은 잠재적으로 향후 임상적 조건이 악화될지도 모른다는 것일 수 있다. 하지만 그러한 이미지들은 자아의 강도와 대비되어 항상 균형을 취해 다루어야 한다. 정신병은 무의식적 과정에서 생겨나는 압력이 자아를 압도할 때 일어난다. 이는 극도의 스트레스나 환각을 일으키는 약물의 효과와 같은 물리적 요인들 때문에 평상시 자아의 강도가 저하되거나 무의식적 압력이 갑작스럽게 치밀어 올라와서 일어날 수도 있다. 자아 안정성과 정신병적 압력을 평가하기 위해 꿈 이미지들을 사용하는 연구 동향이 있다. 그러한 연구는 장기 관찰을 통해 잘 정의된 개체군 간의 주의 깊은 대조가 필요할 것이다. 그런 연구는 쉽지 않으며 적지 않은 비용이 소요되겠지만, 향정신병 약물의 심리적 영향을 임상적으로 이해하는 데 도움을 줄 수 있다. 그것은 인격 안정성과 관련된 마음과 뇌의 상호작용에 대한 중대한 문제들에 대해 답을 줄 수도 있을 것이다.

◎ 신체 문제

꿈 재료를 통해서 생리적 진단을 한다는 것은 결코 쉬운 문제가 아니다. 대동맥류 누출에 앞서는 내면의 '폭발'에 대한 꿈, 꿈꾼 이가 걸린 것이라고 의심이 되는 담낭 질환에 앞서서 그 병을 앓고 있는 인물이 출현하는 꿈 등, 비록 이 같은 예측에 대한 놀라운 사례가 많기는 하지만 말이다. 돌이켜 보면 꿈이 어떤 생리적 문제를 가리키고 있었을지도 모른다고 생각하기는 쉽다. 하지만 고려되어야 할 요인이 너무 많기 때문에 진단으로 사용하기는 어렵다. 꿈들은 보통 깨어 있을 때의 자아가 지닌 의식적 입장을 보상하는 것으로 보인다. 꿈들이 개성화 과정에 기여할 때 그 목적과 관심은 깨어 있는 자아가 갖고 있는 목적이나 관심과는 전혀 다르다. 개성화는 어떤 특정한 자아의 형태를 완벽하게 만드는 것보다는 인격의 잠재적 전체성에 기여하기 때문이다. 신체적 질환은 의식적 자아에게는 엄청난 관심일 수 있으나, 꿈의 원천이 되는 진아에게도 동등한 수준의 관심 사항이 되는 것은 아니라고 여겨진다.

꿈들은 인격과 신체 사이를 구별하면서 나타나는데, 꿈속 자아는 신체와 연관되기보다는 인격과 연관되는 것 같다. 실제의 신체적 조건들이 꿈에 나타날 때, 흔히 그것들은 꿈속에서 자아 이미지의 문제들로 나타나지 않는다. 그보다는 꿈속 자아와는 다른 형태를 보여 주는 듯하다. 이는 살아 있는 생명체를 나타내는 한 가지 이미지로 보인다. 가령, 동물이나 신체의 근본을 만들어 준 친어머니 혹은 생명체에 대한 다른 표상 같은 것을 생각해 볼 수 있다.

◎ 죽음에 대한 꿈

신체 질환을 나타내는 꿈에 밀접하게 관련된 것은 꿈속에서 나오는 죽음이라는 주제다. 꿈속에서 누가 죽을 수 있거나 죽은 경우는 드문 일이 아니다. 내담자들은 그런 꿈을 불안에 떨며 기억할 수도 있다. 그 꿈을 죽음이 다가오고 있는 표지로 생각하고 두려워하는 것이다. 하지만 죽음에 대한 꿈들은 본질적으로 자아 이미지의 변형에 대한 꿈이다. 의식적 자아가 어떤 특별한 자아 이미지와 동일시를 하는 동안, 그 특별한 자아 이미지의 지속을 위협하는 무언가는 신체의 죽음을 위협할 수 있을 것이다. 자아는 신체 이미지와 단단히 동일시하기 때문이다. 꿈에서 자신을 바라보는 것 같은 흔한 주제는 확실히 꿈속 자아를 신체의 이미지에서 분리할 수 있음을 보여 주지만, 보통 자아는 신체 이미지와 거의 분리할 수 없다.

꿈속에서의 죽음은 평소 깨어 있는 맥락에서의 죽음이라는 의미와 전혀 다르다. 꿈의 이미지는 콤플렉스나 원형이 드러난 표상이라고 할 수 있다. 많은 이미지가 동일한 콤플렉스나 원형과 연관될 수도 있으며, 그러한 이미지는 죽지 않는다. 한 이미지가 또 다른 이미지로 변형하는데, 이 변형은 일련의 꿈에서 종종 뒤따라 나올 수 있다. 앞에서 살펴본 '터져 죽은 강아지', '개 혹은 아기', '인간의 눈을 가진 쥐' 등과 같이 연속되는 꿈의 순서는 시간이 흐르면서 나타나는 꿈 이미지의 점진적인 변형을 보여 주고 있다.

실제로 신체의 죽음을 앞두고 있는 사람들은 여행이나 결혼과 같은 꿈처럼, 어떤 중요한 변화에 참여하는 어느 꿈과 전혀 다르지 않은 꿈을 꾼다. 그러한 꿈들은 깨어 있는 자아가 신체적으로 곧 마주하게 될 죽음에 집중하기보다는 의식적인 관심과 책임감에 집중할 수 있도록 힘을 실어 준다. 죽는 꿈들에 관해서는 관찰과 연구가 불충분해서 더 이상 결정적인 진술을 하기는 어렵다. 하지만 죽음에 관한 꿈들은 신체의 죽음에 관련되기보다는 개성화 과정에 더 큰 관련이 있는 것으로 보인다. 이런 이유로 꿈들은 곧 다가올 삶의 종언을 오히려 삶 속에 존재하는 다른 주요한 변화로 여기고 있는 듯하다. 과연 이는 개인의 인격이 신체의 죽음에서 살아남는다

는 것을 암시하는 것일까? 신체의 죽음이란 목숨이 남아 있는 동안
에 자아의 의미 있는 변화보다 진아에 더 많은 관심을 가지고 있다
는 것을 의미하는 것인가? 이런 것은 일반적으로 과학의 중대한 의
문이며, 특히 초능력과 같은 인간의 특별한 경험을 다루는 초상심
리학과 심층심리학의 중요한 질문이다.

기억해야 할 원칙들

1. 동일한 콤플렉스들은 서로 다른 여러 이미지로 의인화될 수 있다.

2. 일련의 꿈을 살피고 그 안에서 관련되어 있으나 변화하는 구조를 찾음으로
   써, 직관적으로 다음처럼 말할 수 있다.
   1) 동일한 정체성 패턴에서 다른 콤플렉스들과 관련된 어떤 콤플렉스의 변
      화하는 뉘앙스
   2) 지배와 복종의 성질과 같은 정체성 패턴의 호전 또는 악화의 예후

3. 분석을 시작할 때의 꿈들은 초기 임상 평가에 고려되는 예후와 진단의 요
   소를 가리킬 수도 있다.

05
기법에 대한 질문

기법에 대해서는 하나의 기본적인 진실이 있다. 그릇된 사람의 손에 들린 좋은 기법은 잘 발휘되지 않는다. 반면에 좋은 사람의 손에 들린 나쁜 기법은 잘 발휘될 것이다. 심리치료에서 꿈 분석의 성공적인 사용은 단지 전문적 기법에 대한 질문이 아니다. 어떤 기법도 전적으로 적절하지 않다. 분석가와 내담자(피분석가)의 개인적 평가가 좀 더 중요하기 때문이다. 모든 꿈 작업이나 다른 치료는 바로 그 관계 안에서 이루어져야 한다. 치료적 관계는 변형 과정이 일어나는 테메노스다. 테메노스는 성스러운 장소이며, 연금술에서 말하는 바스(vas, 꽃병) 혹은 크라테르(krater, 단지)다.[1]

---

1) (역자 주) 꽃병이나 단지 등은 변화와 발달이 이루어지는 공간, 곧 창조의 자궁과 같

전이와 역전이

분석은 전적으로 합리적일 수만은 없는 하나의 과정이다. 이런 의미에서 그것은 음악을 작곡하거나 미술 작품을 만들고 시를 짓는 것 등에서 볼 수 있는 수완이 필요한 활동과 어떤 면으로 유사하다. 그러한 작품들을 지배하는 규칙이란 전적으로 특별한 것이 아니라, 잘 지키고 따라야 하는 안내 지침과 같은 일반적인 알림이나 격언이다.

아마도 분석가나 치료사의 주된 책임은 정신의 변형이 더 잘 일어날 수 있는 어떤 **변형의 장(場)**이라 불리는 것을 유지하는 것일 듯하다. 놀랍게도 그 변형은 내담자나 분석가, 혹은 모두에게 일어날 수 있다는 것이다. 한 방향으로만 영향력이 흐르는 대인 관계 상황은 애초에 생겨날 수 없다. 프로이트의 초기 관점에 따르면, 분석가는 전적으로 객관적일 수 있고, 내담자(피분석자)가 자신의 심리를 투사하는 가상의 '검은 스크린'이어야 한다는 것이다. 하지만 환자 혹은 내담자의 전이에 따른 분석가에 대한 왜곡과 더불어, 분석가의 전이에 따른 환자에 대한 왜곡, 즉 역(逆)전이라고 하는 현상도 존재한다는 것이 분명해졌다.

이 주제에 대한 융의 관점은 이 변형의 '장(場)'이 가진 특성을 명확히 설명해 준다. 『전이의 심리학(The Psychology of the Transference)』

으며, 이는 기본적으로 여성적 힘을 상징한다.

에서 융은 분석가와 내담자(피분석자)는 완전히 의식적일 수 없는 하나의 과정에 참여하기에 두 동반자의 변형이 일어날 수도 있음을 보여 준다.[2] 더욱이 그는 투사의 특별한 형태로서의 전이와 역전이는 관계 속에서 자동적으로 일어나는 것이라고 본다.

그럼에도 이 분석적 상황은 분석가의 파괴적인 역전이를 최소화하면서, 환자나 내담자에게 변형의 장을 극대화하기 위해 설정된 것이다. 환자나 내담자에 대한 자료들은 개인적 삶의 이력과 현재의 꿈을 통해서 매우 심층적으로 논의되어야 하지만, 분석가는 기존의 의미에서 '검은 스크린'이 되는 것이 불가능할지라도 상대적으로 개인적인 언급은 삼가야 한다. 게다가 숙련된 분석가는 오랜 기간 동안 개인 분석을 진행해 보았기에, 내담자에게 자신의 콤플렉스들을 투사할 가능성(역전이)에 대해서 아주 잘 알고 있을 것이다.

꿈은 어떻게 분석 관계라는 변형의 장 속으로 들어오는가? 대부분의 경우에 내담자는 꿈을 꾸고, 그 꿈을 분석가에게 가지고 와서, 양자는 내담자의 삶 속에서 그 꿈의 의미를 함께 살펴본다. 그래서 분석가와 내담자는 동료다. 내담자의 무의식적 자료들을 탐색하고 그것을 현재 진행 중인 개성화 과정에 연결시키면서 그러한 관계를 맺는다. 하지만 꿈 작업은 이 통상적인 과정에 스트레스를 줄 때가 있다. 이는 다음의 예에서처럼 정기적으로 일어나는 일이다.

---

2) "The Psychology of the Transference," in the Practice of Psychotherapy, CW 16. 전이와 역전이에 대한 융의 견해를 담은 주요한 원전은 타비스토크 강좌(The Tavistock Lectures)의 다섯 번째 강좌 내용이다. The Symbolic Life, CW 20.

① 내담자가 꿈에 나타난 어떤 인물을 분석가와 동일시하는 경우
② 내담자의 꿈에서 분석가를 자신으로 생각하는 경우
③ 분석가의 꿈에 내담자가 나타나는 경우
④ 분석가나 내담자가 꾼 꿈에서 성관계를 가지는 경우

물론 다른 가능성도 많지만, 분석 시 꿈을 변형의 장에 연결시키는 데 포함된 기법에 대한 주요한 문제는 네 가지 유형이 있다. 차례로 이 유형들을 좀 더 자세하게 살펴보자.

첫째, 내담자가 꿈에 나타난 어떤 인물을 분석가와 동일시하는 경우다. 꿈속의 그 인물과 분석가가 명백하게 동일하지 않은 경우도 해당한다. 융 학파의 이론에서 꿈속의 행위와 사람들은 실재의 위장으로 간주되지 않는다. 이는 프로이트 학파와 정반대의 관점이다. 프로이트는 '위장'으로 간주했다. 그래서 이는 꿈속의 그 인물은 깨어 있을 때의 삶에서 '실제로' 꿈꾼 이에게 알려진 어떤 누군가라고 말할 수 있는 해석의 문제다. 앞으로 다시 다루겠지만, 실제로 분석가가 나타났다고 해도 꿈이 객관적으로나 주관적으로 말하고 있는 것을 고려하는 것이 훨씬 더 중요하다. 분석가를 가리키는 꿈속 인물에 대해 과도한 해석을 하면, 특히 그 꿈이 어떤 에로틱한 특성을 가지고 있을 때 불필요하게 위험한 정도까지 전이를 증가시킬 수도 있다. 만일 그 꿈이 실제 분석가를 의미했다면, 일반적으로 꿈속에서 확실히 분석가를 보여 주었다는 입장을 유지하는 것이 최선이다. 그 밖의 다른 인물은 내담자에게 배열된 콤플렉스들의 구조를 드러낼 것이고, 이 인물들은 물론 전이에 영향을 줄 수

도 있지만 반드시 그런 것은 아니다. 꿈의 이미지들과 실제 사람들을 과도하게 동일시하는 것은 대인관계 환원주의를 만든다. 즉, 대인관계의 의미 영역에 온당하지 않은 압력을 가하는 것이며, 그렇게 해서 심리치료 상황의 전이 측면을 과도하게 강조한다.

둘째, 내담자의 꿈에서 분석가를 자신으로 생각하는 경우다. 이런 경우에 꿈은 결코 확실하지는 않더라도, 분석가라는 사람을 포함한 객관적인 상황에 대해 말하고 있는 것으로 보인다. 분석가는 말하자면, 상호작용에 토대를 두고서 내담자가 소유한 정신의 한 부분을 나타내는 어떤 상징적 기능을 할 수도 있다. 이는 중요한 변화가 신경증의 모습으로 나타난 뒤에 매우 자주 발생하는 일종의 표상일 수 있다. 이런 유형의 꿈에는 분석가에게 어떤 부가적인 책임이 있는데, 분석가는 역전이 반응을 포함해서 내담자와 맺은 관계를 객관적으로 평가해야 한다. 왜냐하면 내담자의 꿈은 분석가의 무의식적인 측면을 가리키는 것일 수도 있기 때문이다.

셋째, 분석가의 꿈에 내담자가 나타나는 경우다. 이는 분석가가 치료 과정을 지연시킬 수도 있는 역전이 왜곡의 가능성을 심각하게 고려해야 하는 경우다. 꿈속의 내담자는 분석가의 개인적 삶이나 분석 상황에서 배열되었던 분석가의 콤플렉스를 의인화한 것일 수 있다. 최소한 그러한 꿈은 내담자에 대한 분석가의 의식적 관점을 변경해야 하는 요청이 있다는 것을 가리킨다. 융은 자신이 꾼 꿈을 말한 적이 있다. 그는 꿈에서 어떤 여성 환자를 현실 속에서 의식적으로 평가한 것을 훨씬 넘어서는 매우 중요한 사람으로 보는 꿈을 꾸었다. 그런데 이것은 의식적인 수준에서 그 여성 환자를 과

소평가한 데 대한 단순한 교정이나 보상이었다.[3]

그런 꿈은 내담자와 논의해야 할까? 내 경험으로 보자면, 이에 대한 답은 이것이 반드시 올바른 과정은 아닐 수도 있지만, 일반적으로는 '아니다'다. 꿈에 나오는 그 사람과 깨어 있는 일상에서 그 꿈을 논의할 때, 꿈에 나온 그 사람은 의식적으로 진술한 꿈꾼 이의 위상보다 그 꿈을 '더 깊거나' '더 진실하게' 여길 수 있는 위험이 있다. 그것은 꿈을 말하는 사람에게 하나의 투사 장막으로 어떤 무의식적 산물, 곧 꿈꾼 이가 완전히 이해하지 못한 어떤 것을 제공하는 것과 같다. 내담자는 분석가와 같은 훈련이나 경험이 없기 때문에 분석가의 관점에 대한 무의식적 왜곡이 일어날 수 있으며, 더 나아가 전이와 역전이의 어려움을 일으킬 공산이 크다. 예외적인 사항이 있을 수 있지만, 똑같은 규칙이 깨어 있을 때의 친구가 나오는 꿈을 그 친구와 말하는 경우에도 적용된다.

분석가는 내담자의 꿈이 가진 의미를 가능한 한 더 많이 이해하고, 두 사람 사이에서 일어나고 있는 것이 무엇인지 더 많은 것을 알아채 가면서 내담자와 치료 관계를 유지해야 한다. 그러면서 분석가의 자아는 그 꿈과 의미에 책임을 지는 것이다. 만일 꿈이 수수께끼처럼 느껴진다면 분석가는 동료 분석가와 슈퍼비전의 시간을 가져야 한다.

---

3) "The Psychology of the Transference," in *the Practice of Psychotherapy*, CW 16, pars. 334-336. (역자 주) 융은 그녀를 실제로 얕잡아 보았는데, 그런 뒤 꿈에서 그녀가 높은 지위를 가진 사람으로 과장된 것을 보았다. 꿈을 깨고 자신이 그녀를 폄하하고 있다는 자각을 무의식이 유도했음을 알게 되었다.

넷째, 분석가나 내담자가 꾼 꿈에서 성관계를 가지는 경우다. 이런 꿈은 특별히 적절한 분석 기법을 가지고 다루는 것이 필요하다. 왜냐하면 전이와 역전이에 따른 성적 관계는 드물게 발생하지만, 실제 일어났을 때는 불필요하게 복잡한 문제를 일으킬 수 있기 때문이다. 어느 한쪽에서 성적인 꿈을 꾸었을 때는 먼저 놀라지 않아야 한다. 왜냐하면 성적 감정은 어떤 관계에서든 자연스러운 것이며, 특히 정서적으로 깊은 관계인 경우는 더 그렇기 때문이다. 융은 「타비스톡 강연」에서 분석가와 성적 관계를 맺는 내담자의 꿈은 분석가와 내담자 둘 사이의 어떤 정서적 틈에 다리를 놓으려는 시도로 그런 꿈을 꾼 것이라고 설명한다.[4] 이는 일반적으로 성적 매력에 해당하는 것 같다. 즉, 그것은 어떤 미지의 관계 영역에 있는 잠재적인 가치를 암시한다. 이 가치는 성적 매력을 통해서 알려진 것이기는 하지만, 아직 의식적이지 않아서 명확하게 특징을 파악할 수 없는 것이다. 성적인 꿈은 분석가나 내담자 양자의 무의식 속에서 어떤 변형의 과정이 시작되고 있음을 가리킬 수도 있다. 이는 융이 전이에 대한 글에서 예증하는 데 사용했던 연금술적인 그림과 비슷한 것이다. 여기에서 무의식은 종종 합일과 변형의 비육체적 과정을 상징하기 위해 성적 이미지를 사용한다. 하지만 깨어 있을 때 자아는 그런 꿈들을 문자 그대로 해석하는 경향이 있다.

　하나의 예로, 한 분석가가 매력적인 여성 내담자와 성관계를 나

---

4) "The Psychology of the Transference," in *the Practice of Psychotherapy*, CW 16, pars. 331.

누는 꿈을 꾸었다. 그 꿈은 내담자가 유사한 꿈을 꾸었다고 말하기 3일 전에 꾼 것이었다. 두 사람은 서로에 대한 성적인 관심을 의식적으로 알아챈 것이 없었고, 어떤 유혹적이거나 추파를 던지는 말이나 행동을 하지도 않았다. 이런 성적인 꿈은 그 이후에 분석가나 내담자 두 사람 모두에게 다시는 없었다. 분석가나 내담자에게 모두 나타났던 성관계 꿈은 분석의 새로운 국면을 가리키는 것 같았다. 분석은 좀 더 변형적인 색채가 더해졌고 내담자는 자신의 삶에 있는 신경증적인 패턴, 곧 반복적이고 강박적인 섹스에 대한 어떤 새로운 통찰을 얻었다.

분석 중 약물 처방

분석가가 의사라면, 꿈이 분석 과정을 촉진하기 위한 보조적인 치료로 정신병에 효과를 나타내는 향정신성 약물 처방을 시작하거나 종결하는 시기를 가리킬 수도 있다. 의사가 아닌 분석가도 유사한 문제들을 가질 것이며, 약물의 사용에 대해 자문을 구할 수도 있다. 분석 중에는 어떤 약물 처방도 해서는 안 된다고 거부하는 '순수주의자들'이 있으나, 그다지 옹호받지 못하는 주장이다. 일반적으로 분석의 목적은 자아가 그 정신의 변형과 개성화로 향하는 과정에 책임감을 가지고 참여하도록 도움을 주는 것이다. 약물 처방은 현명하게 사용되어야 하는데, 분석의 목적에 방해물이 되거나 도움이 될 가능성이 있기 때문이다. 만일 약물 처방이 분석 대신에 사용되는 경우라면, 그것은 장애가 된다. 그러나 만일 자아를 분석에 좀 더 효과적으로 임하게 할 목적으로 합법적으로 사용한다면, 변형의 과정에 유용한 부분이 될 수 있다.

극심한 불안을 느끼거나 아무런 불안도 느끼지 않은 내담자는 분석에서 효과적으로 마음이 움직일 만큼 충분하게 성찰할 수 없다. 마음을 진정시키기 위해 약물을 사용하는 일은 가치 있을 수 있다. 유사하게 만일 내담자가 너무 우울이 심해서 분석은 물론이고 그 어떤 작업도 가치 있다고 여기지 않는다면, 항우울제를 사용하는 것이 본질적인 도움이 될 수 있다. 약물 사용의 목적은 내담자의 자아에 대한 정서적 압력을 중간 등급 정도로 떨어트리는 것이다. 보통 중간 등급은 불안이나 우울이 통찰 치료 작업에 방해가 될 만큼 너무 압도적이지 않을 정도의 등급이다. 만일 내담자가 충분히 불안하지 않고 우울하지도 않다면, 분석도 목적을 상실하고 표류할 수 있다. 하지만 이런 사례에서는 자아를 중간 등급으로 이동시킬 수 있는 약물은 없으므로, 그 이동은 꿈과 같은 무의식적 과정이나 분석가의 해석, 간곡한 권고를 통해 충분한 감정이 일어남으로써 시작되어야 한다. 가끔씩 개인 분석과 집단치료를 추가해서 병행하면 일대일의 분석 상황에서 부족한 정서적인 반응이 일어나기도 한다.

꿈은 유일한 기준에 따라야만 하는 것은 아닐지라도, 약물이 필요하거나 끊는 것이 더 안전할 수 있는 시점을 가리킬 수도 있다. 예를 들면, 앞의 장에서 언급했던 조현병이 진행 중인 젊은 남성은 병세가 악화되는 시점에 처했었는데, 재입원을 피하기 위해 항정신성 약물의 복용을 늘려야 했을 때였다. 퇴행 국면이 시작되기 직전에 그가 꾼 꿈에서 몇 가지 반복되는 주제가 관찰되었다. 차가 통제를 벗어나 뒤로 굴러가고, 피부가 없는 동물들과 살인에 정신이 팔린 파괴적인 꿈의 인물들, 심지어는 온 세상의 파멸에 대한 것들이었다. 이러한 주제들이 출현할 때, 종종 재발을 방지하기 위해 약물 처방이 더해졌다.

우울에 빠진 사람은 호전의 기미가 보일 때조차도 계속 우울하다는 말을 할 수 있다. 이는 '병든 환자'라는 역할을 포기하는 것과 연관된 책임감을 다시 가져야 하는 것에 대한 일종의 심리적 방어가 분명하므로, 임상적 상태의 악화 여부를 주의 깊게 살피고서 약물을 점차 중단해 가는 것이 안전할 수 있다. 꿈이 '정상'이라는 것은 우울증에 앞서서 환자 혹은 내담자의 꿈들을 알면 잘 판단할 수 있다. 하지만 호전이라는 판단을 내릴 수 있는 공통된 주제는, 첫째, 꿈속 자아에 대한 공격을 나타내는 상징들의 부재, 둘째, 신경증적인 갈등들이 형성되었거나 강화되었던 과거의 시기를 가리키는 상징들의 부재 등이다.

환원적 분석 또는 미래지향적 분석

환원적 분석이라는 용어는 프로이트 학파의 정신분석이 전통적으로 주안을 두고 강조한 것으로, 융이 이런 용어를 제안한 것이다. 현재의 갈등을 환자나 내담자의 과거 삶에서 그것이 생겨났을 법한 기원으로 환원하는 것이다. 그러한 환원적인 방식은 신경증의 충분한 원인을 어떤 과거의 사건과 그 사건에 대한 과거의 태도에 두는 경향이 있다. 융은 결코 환원적인 분석을 포기한 적이 없으며, 신경증적 어려움의 주요 성분이 과거 경험에 기반을 둔 콤플렉스들로 추적될 수 있다는 확실한 지표가 있을 때는 그것이 적절한 강조라고 생각했다. 융은 그것이 모든 신경증적 고통을 경감하는 유일하거나 필수적인 방식이라기보다는 어떤 전문화된 사용이라는 것을 보여 주면서 환원적 분석을 상대화했을 뿐이다. 환원적 분석에 비해 미래지향적 분석은 좀 더 목적론적인 방향을 가지고 있다. 말하자면, 과거에 마주쳤던 모든 장애를 바라보기보다는 **무엇을 향해서** 삶의 과정이 움직여 가고 있는가를 묻는 것이다.

실제 분석을 실행할 때, 환원적 분석과 미래지향적 분석을 위한 중요한 계기들이 있다. 꿈은 한 가지 형태나 다른 형태에 강조를 두기 위한 시점을 가리키는 매우 민감한 지표일 수 있다.

환원적 분석이 요구되는 주요한 표시는 꿈에서 인물이나 배경 설정과 관련된 주제를 개인적으로 확충하면서 일어난다. 심각한 우울증이 재발되는 한 남성이 있는데, 그는 환경의 변화와 관련된 심리역동적인 요인들에 의해서 우울증이 촉발되었다. 그는 우울증이 생길 때면 항상 어떤 남루하고 더러운 농장에 있는 어린 시절의 꿈을 꾸는 경향이 있다. 우울증이 가실 때면 그는 안정되었고, 그는 꿈속에서 그런 주제들을 거의 꿈꾸지 않았다. 이런 주제는 환원적 분석으로 그의 콤플렉스를 다룰 필요가 있음을 가리킨다. 심각하게 계속 진행되는 신경증을 겪고 있는 또 다른 남성은 어린 시절에 살던 집 근처로 설정된 일련의 꿈을 꾸었다. 그곳은 세 살 무렵에 겪은 생애 초기의 세상에 대한 경험에 고착된 것을 상징하고 있었다. 이 꿈에서 첫 이미지는 어린 시절 집 근처에 있던, 그러나 실제로는 없었던 사법 기관에 침입하는 마피아가 나오는 것들이 있었고, 그런 다음 비행기를 타고 곧바로 집을 떠나는 꿈이 있었고(물리적으로 불가능한 일), 마지막으로는 지하 세계라는 좀 더 상징적인 이미지가 있었는데, 그곳에 파묻혀 있었던 좀비를 닮은 형상들이 출현하는 꿈이었다(무의식에 파묻혀 있었던 것을 가리킨다). 이 일련의 꿈을 꾼 뒤에, 그는 자신의 신경증적 애착에 대한 퇴행적인 특성을 보이면서 다른 태도를 취하기 시작했다. 이는 신경증적 우울증이 감소하는 것을 가리키며, 병세가 호전되는 시기를 암시하는 것이다.

반대로 꿈에서 과거의 이미지들이 없을 때 환원적 분석에 집중하는 것은 별로 중요하지 않은 듯하다. 현재의 감정 상태나 그 속의 신경증적 측면에 대해 집중하는 것이 내담자의 상황을 호전시킬 수 있다. 그런 작업은 정서적으로 충만해 있는 내담자의 어떤 측면에 집중할 수 있다. 즉, 내담자의 전이와 역전이 문제, (현재의 가족이나 친구들, 직업 환경에서의 스트레스, 집단상담치료에서 관찰되는 관계 등에 포함된) 여러 문제를 고려할 수 있다.

꿈의 가치는 현재의 정서적 문제들을 다룰 때 특히 분명해진다. 꿈 이외의 모든 영역에서 내담자가 묘사한 것들에서 외부의 실제를 빼는 것이 중요하기 때문이다. 예컨대, 만일 내담자가 자신의 상사가 되는 누군가와 정서적인 어려움을 드러내고 있다면, 분석가는 그 어려움이 내담자의 신경증적 지각으로 그 사람을 왜곡한 것에 기초를 두기보다는 상대방의 실제 본성에 토대를 두도록 해야 한다. 전이와 역전이의 정서적인 상황들을 평가할 때조차도, 분석가가 내담자의 역전이를 인지할 만큼 자신에 대해 충분히 객관적이기는 어려울 수 있다. 분석가도 그 역전이에 따른 어려움에 한몫을 하고 있기 때문이다. 하지만 꿈에서 우리는 이미 상징적인 자료들을 가지고 질문을 던질 수 있다. 우리는 꿈에 대한 객관적이거나 주관적인 해석이라는 문제에 계속 관심을 가져야 하겠지만, 자아가 꿈을 만드는 것은 아니기 때문에 자아의 왜곡이 반드시 설명될 필요는 없다.

'충격받은 자아'와 꿈

융은 프로이트와 만나기 전에 연구했던 단어연상검사에서 콤플렉스와 '충격받은 자아'[5]의 본성을 분명히 정의했다. 콤플렉스는 관련된 생각과 이미지들의 무리인데, 공통의 정서적 색조를 띠고 함께 뭉쳐 있으며 원형적 핵에 기초를 둔 것이다.[6] 의식에 미치는 콤플렉스의 격렬한 영향들을 논의하면서, 융은 '충격받은 자아'를 어

---

5) (역자 주) 충격받은 자아(affect-ego)는 어떤 강한 색조를 띤 콤플렉스가 출현한 결과로 자아-콤플렉스가 변형되는 것을 의미한다. 고통스러운 영향을 받은 경우에 그 변형은 정상적인 자아의 많은 부분이 위축되고 철회된다(CW 3/86, n. 9).

6) *Experimental Researches*, CW 2, pars. 733, 1351.

떤 강한 색조를 띤 콤플렉스와 연관되어 생겨난 자아의 변형으로
정의했다.[7]

개인의 무의식 속에서 강하게 활성화된 콤플렉스와 연관된 에너
지는 현실감을 유지하는 자아의 능력을 변형시켜서 충격받은 자아
의 상태로 만든다. 자아는 익숙한 객관성을 상실하는 경험을 하고,
콤플렉스와 연관된 정서가 밀려닥치는 느낌을 받고 개인의 정체성
에 대해 평소의 경계 상태를 유지하기가 힘들어질 수 있다.

충격받은 자아 상태가 만들어지는 것은 대부분의 꿈이 가진 특
성이다. 꿈은 보통 드라마틱한 구조를 가지고 있다. 즉, (배경 설정
과 출연 선정을 포함하는) 시작하는 문제, (행동은 없고 정서적인 반응
을 포함하는) 문제의 발단과 꿈속 자아의 반응, 결과 등으로 구성되
어 있다. 꿈속 자아의 정서적 반응들을 주의 깊게 탐색하는 것이 중
요하다. 행동뿐 아니라 이 반응들은 꿈에서 다른 형상으로 이미지
가 만들어진 배열된(활성화된) 콤플렉스들에 대한 꿈속 자아의 반
응 가운데 일부분이기 때문이다.

만일 꿈속 자아가 꿈에서 매우 드라마틱한 상황에 개입해 있다
면, 하지만 그 상황이 깨어 있을 경우에 적절했을 정서적 반응을 보
이지 않는다면, 그 꿈은 특정한 자아 구성에 의해서 정서적인 각성
이 결여된 어떤 병리적인 것을 가리킬 수 있다. 꿈을 임상적으로 사

7) "The Psychology of Dementia Praecox," in The Psychogenesis of Mental Disease, CW 3, par. 86. 나는 충격받은 자아의 개념을 대상관계이론과 관련지어서 다소 확장시켰다. Clinical Uses of Dreams, pp. 49-52 참고.

용할 때 특히 미묘한 측면은 꿈에 뒤이은 장면에서 꿈속 자아의 정
서적 반응성이나 정서적으로 아무 반응이 없는 것에 대한 해석이
다. 꿈속 자아가 다른 형상에게 공격을 받고 있지만 자신을 방어하
는 데 주저하고, 공격한 형상과 친구가 되려고 애쓰는 상황을 생각
해 보라. 이는 정신 안의 공격적인 내용물을 향한 어떤 특별한 자아
의 태도를 보여 준다. 이어서 뒤따르는 것은 무의식적 정신이 그러
한 자아의 태도에 대해 무엇을 '생각'하는지 보여 줄 수 있다. 그 공
격이 더 큰 에너지를 가지고 힘이 새롭게 회복되었다면 놀랍지 않
을 것이다. 이는 꿈을 만들어 내는 이가 자신을 대신해서 꿈속 자아
가 좀 더 적극적이게 되기를 바라고 있음을 암시한다.

　꿈속에서 또 다른 빈번한 발달은 이러한 상황에서 일어난다. 곧
꿈속 자아가 꿈에서 어떤 도전에 적절하게 반응하는 데 실패하고
(이는 깨어 있을 때와 동일한 상황에서 적절하다고 판단되는 것이다), 그
장면이 즉시 좀 더 중대한 도전으로 변화될 때다. 예를 들자면, 꿈
속 자아는 저 건너편에 있는 한 병사가 꿈속 자아에게 총을 쏘는 내
전에 직면하고 있다. 꿈속 자아는 갈등을 피하기 위해서 동굴 안으
로 들어가고 있다. 그런 다음 장면이 바뀌고, 거기서 꿈속 자아는
물속에 있는데 상어 지느러미가 자신에게 다가오는 것을 보고 있
다. 이 장면들은 만일 꿈속 자아가 좀 더 인간적인 수준과 직면하는
것을 피하려 시도한다면, 좀 더 중대하고 원시적인 위협(상어의 공
격)이 일어나리라는 것을 암시한다.

　대체로 꿈속의 갈등이 어떤 인간적 수준에 대해 개인적으로 직면
하는 데 더 가까이 갈수록, 해결점에 더 많이 접근해 가는 것 같다.

때때로 일련의 꿈에서 거듭되어 뚜렷하게 진행되는 그러한 발전을 따르는 것이 가능하다. 여기에는 다음과 같은 것이 있다.

① 정글의 동물들, 우주인이나 자신이 참여하지 않은 거대한 전쟁 장면 등과 같은 원시적인 힘에 대항하는 싸움

② 서로 싸우는 정신의 두 가지 측면의 잠재적인 합일을 가리키는 내전과 같은 좀 더 국지적인 갈등으로의 변화

③ 두 팀으로 나뉘어서 하는 운동 경기나 야구 경기에서처럼 두 측면에 적용되는 규칙 속에 포함되어서 드러나는, 무기를 들지 않은 어떤 갈등 등

일반화를 할 때는 주의해야 하지만, 꿈속의 갈등 주제가 종종 무의식으로부터 자아를 분별하는 것과 관련이 있다는 것은 적어도 진실이다. 반면에 보통 성적인 결합이나 결혼으로 그려지는 **코니웅크치오**(coniunctio, 융합)와 같은 개성화에 관한 좀 더 발달된 이미지들은 자아의 자율성이 성취되었을 때 나타난다.

꿈속의 이미지에서 충격받은 자아는 가끔씩 깨어 있을 때의 자아에게서 관찰되는 어떤 감정적 상태와 상호 연관되어 보일 수 있다. 이 관계가 분명할 때, 자아의 꿈 이미지는 문제가 있는 자아 상태를 가리키는 아주 **빠른** 방식이 될 수도 있다. 그래서 분석가와 내담자는 꿈 이미지들을 사용하는 일종의 사적인 언어를 발달시킨다. 예컨대, "당신은 몽골 기병대처럼 행동하는군요." 혹은 "이건 다시 내전을 하고 있는 당신의 자아인가요?"와 같이 말하는 것이다. 내담

자의 다른 생활 영역에서 소통을 위해 꿈 이미지들을 사용하는 것
은 다른 모든 기법이 그렇듯이 남용되어서는 안 되지만, 분석 기술
의 아주 가치 있는 부분이다.

이처럼 분석의 기초적인 치료 행위를 이용하는 것은 다양한 문
제를 겪고 있는 충격받은 자아, 동시에 분석 관계의 경계를 포함하
고 돌보는 것에 대한 각성을 가진 충격받은 자아를 내담자가 경험
하도록 돕는 것으로 서술될 수 있다. 게다가 분석 관계는 분석가와
내담자 사이의 파괴적인 무의식적 갈등이 잠재하고 있기는 하지
만, 주로 둘 사이의 의식적 관계의 실재에 기초를 두고 있다. 분석
가는 장소, 주위 환경, 도움을 주는 태도 등과 같은 분석의 테메노스
를 유지하고, 내담자가 안전한 그 경계 속에서 삶에서 신경증적인
간섭에 원인이 되는 혼란에 빠진 '충격받은 자아' 상태를 경험하도
록 도울 책임이 있다.

해석의 지연과 해석이 필요 없는 상황

분석가가 임상에서 꿈을 사용하는 방법에 친숙해질 때, 몇 가지
특별한 문제가 생길 수 있다. 어떤 내담자들은 긴급한 주의가 필요
한 문제를 회피하기 위해서 엄청나게 많은 꿈을 제시하면서 분석
과정을 다른 방향으로 꾀어내려고 한다. 하지만 종종 꿈 자체는 그
의미가 완전하고 성실하게 알려진다면 그러한 치우친 방향으로 가
지 않도록 저항한다는 사실을 알려 준다.

내담자는 자주 전부 다룰 수가 없는 많은 양의 꿈을 가지고 온다. 그러므로 선별하는 과정이 필요하다. 분석가는 내담자에게 정서적으로 많이 격앙되어 있는 꿈들을 선택하라고 권유할 수 있다. 그런 꿈들에는 '충격받은 자아'가 매우 강하게 활성화되어 있다. 종종 그러한 꿈은 내담자가 가급적 조금만 논의했으면 하고 바라는 것들이다. 왜냐하면 그 꿈에는 고통스러운 그림자 요소나 전이 문제가 담겨 있기 때문이다. 만일 내담자가 모든 꿈을 글로 써서 가지고 온다면, 분석가는 그 기록들을 쭉 살펴보고 이미 분석에서 논의되었던 중요한 꿈과 유사한 주제에 주의를 기울일 수도 있다. 이러한 것들이 우선 가장 집중해야 하는 일로 선택될 수 있다. 어떤 꿈들은 일단 밀쳐 두고 나서 나중에 다루어야겠다고 마음먹을 수도 있을 것이다. 의미심장한 중요성을 지닌 실제의 '충격받은 자아' 상태가 있을 때면, 언제든 그와 관련된 자료에 대한 논의를 꿈의 해석에서 우선하는 것이 적절하다. 그러한 상태는 전이와 역전이가 일어나는 곳이나 일하는 장소, 그 밖의 다른 공간에서 지내는 내담자의 일상적 관계에서도 생겨날 수 있다.

대체로 분석은 가장 격앙된 '충격받은 자아' 상태에 집중해야 한다. 이 상태는 깨어 있을 때의 일상이나 꿈에서 가리키는 것 모두 해당한다. 만일 주목하고 있는 '충격받은 자아'가 꿈에서 나타나지만 깨어 있는 일상에서는 나타나지 않는다면, 꿈으로 드러난 시연은 당면한 상황에서 분석을 위해 환기될 수 있다. 그런 목적을 위해 많은 기법이 활용될 수 있다. 그 사람에게 꿈속 자아의 이미지로 '존재'하라고 하고서 마치 꿈속의 행동이 현재에 일어났던 것처럼 일인칭으로 말하라고 하는 잘 알려진 게슈탈트 기법이 있고, 최면분석과 적극적 명상, 사이코드라마 기법이 가미된 집단치료, 꿈 속 자아가 아닌 다른 인물 가운데 한 사람의 관점으로 그 꿈을 다시 말하도록 하는 간략한 장치 등이 있다. 이 기법 가운데 어떤 것이라도 '충격받은 자아' 상태를 다시 일어나도록 환기시켜서 콤플렉스를 경험하게 만들 수 있다.

꿈을 해석하지 않아야 할 시기는 분석 기법에 있어서 미묘한 문제다. 일반적으로 꿈을 해석하지 않고 두어야 한다고 생각할 수 있는 두 가지 주요한 지표가 있다.

첫 번째 지표는 분석가가 다른 관찰에 근거해서 사실이라고 믿고 있지만, 내담자는 아직 온전히 인정할 준비가 되어 있지 않은 듯한 꿈이 출현할 때다. 이것은 정신분석에서 고전적인 상황이다. 즉, 아직은 대면할 준비가 되어 있지 않는 내담자에 관해 중요한 것을 알고 있는 분석가의 입장이다. 최면분석을 할 때 간혹 내담자가 상황을 각성하지 못하는 경우에는 일시적인 기억상실이 생겨나서 상황을 덮어 버린다. 이는 '적절한 때'가 무슨 의미인지를 알게 해주는 것인데, 그때는 자아가 동화시킬 준비가 되는 순간을 말한다.

꿈 해석을 지연할 때를 가리키는 두 번째 지표는 깨어 있을 때의 자아가 꿈에 대한 분석적 이해보다는 그 꿈을 정서적으로 경험하는 것이 더 필요한 상황이다. 이러한 사례는 드물기는 하지만 중요하며, 종종 유년 시절에 기원을 둔 낮은 자존감 때문에 손상된 자아 이미지를 회복하기 위한 두드러진 욕구가 있을 때 자주 발생한다. 예를 들면, 자신의 어머니에게 정서적으로 혹독하게 박탈된 경험

을 했던 어떤 여성이 꾼 꿈이다. 그녀는 성모 마리아가 나오는 꿈을
꾸었다. 꿈속에서 마리아가 자신을 사랑해 주고 보살펴 주는 느낌
을 받았다. 꿈은 꿈속 자아가 어머니 원형의 모성적이며 아낌없이
보살펴 주는 측면을 경험하게 해 주려고 애쓰는 것 같았다. 이는 친
어머니가 제대로 해 주지 못했던 원형의 경험이었다. 아마도 그녀
의 친어머니는 신경증적 갈등을 가지고 있었을 것이다. 꿈을 꾸던
당시에 그 내담자는 불안정한 상황에 있었다. 심각한 우울증을 보
였고, 자기 가족에게 정서적인 보살핌도 받지 못했다. 그 꿈은 해석
되지 않았다. 왜냐하면 분석가는 그녀에게 사랑을 통해서 정서적
인 보살핌을 받는 느낌이 매우 필요함을 알고 있었기 때문이다. 후
일 이 꿈은 어머니 노릇을 해 주는 인물이 등장하는 다른 꿈과 연관
되었고, 그녀가 계속 이어서 꾸었던 여러 꿈을 분석하기 위한 꿈 재
료로 이용되었다.

집단치료와 개인치료의 병행

어떤 융 학파의 분석가는 집단치료와 개인치료를 한데 섞는 것
을 반대하거나, 심지어는 원칙적으로 집단치료에 반대하는 경우
도 있다. 하지만 나를 포함한 또 다른 분석가들은 종종 개인 작업
과 집단 작업을 병행하는 것이 단독적으로 실행되는 것보다 더 유
용하다는 것을 알고 있다. 집단 과정은 어떤 당면 상황에서 '충격받
은 자아' 상태를 불러일으키는 경향이 있다. 이는 꿈이 하는 역할과

같다. 또한 집단의 구성에는 서로 다른 페르소나와 그림자들이 배열(활성화)된다. 내담자들은 분석가가 해 주는 수용은 억압적인 죄의식을 벗어나는 데 거의 위안이 되지 않는다고 느낀다. 왜냐면 분석가는 '특별한' 사람이기 때문이다. '분석가는 이 상황을 이해하겠지만, 다른 사람들이라면 그렇지 못할 거야.'라고 생각한다. 집단의 구성은 마치 한 사회나 가족의 원형적 느낌을 배열하는 것 같다. 이런 이유로 어떤 집단이 내담자를 받아들이면 내담자는 자신이 수용받는 느낌을 더 받을 수 있는 여건을 촉진시켜 준다.

좋은 분석 기술이라면 집단치료에 참여하는 시작과 종결 시점에 대한 결정에 개인 분석의 시작이나 종결 시점에 대한 문제와 동일한 관심을 기울여야 할 것이다. 꿈은 종종 그런 결정에 큰 도움을 준다. 분석을 중단한다든지 하는 어떤 중요한 변화를 결정할 때는 숙고를 통해서 가능한 한 최선의 결론을 이끌어 내는 것이 현명하다. 이후에 무언가 더 필요하다면 꿈의 자료에서 그 반응을 관찰할 수 있는 시점이 올 때까지 결정의 실행을 연기하는 것이 사리에 맞다. 어떤 의식적인 입장을 취하면 이후에 수정하는 일이 있더라도, 그 꿈들이 보상을 위해 의식에 어떤 참고 사항을 알려 준다.

꿈은 집단 과정에 더 개입하기를 바라는 욕구를 가리킬 수도 있다. 그래서 꿈에서의 어떤 중요한 행위가 집단의 일원들에게 현실로 나타나는 것을 종종 보여 줌으로써 실제로 그렇게 한다. 하지만 가끔씩 꿈은 내담자가 집단에 들어가는 것을 삼가야 한다는 것을 보여 주기도 한다. 아마도 이는 개인적 토대에서 더 진행되어야 할 더 절실한 작업이 있기 때문일 것이다. 이와 관련된 꿈이 있다. 꿈에서 이웃은 꿈속 자아가 커다란 울타리를 치우기를 바랐다. 하지만 꿈속 자아는 이를 거절하여, 심지어는 더 많은 울타리를 치기로 결정했다. 그런 뒤에 꿈속 자아는 어떤 커다란 영역이 아직 탐색되지 않은 채로 있다는 것을 발견한다. 자신의 정원 뒤로 많은 건물이 들어차 있고, 지금의 정원 말고도 더 많은 정원 공간이 있었다.

치료 집단의 한 일원이 다른 일원에 대해 꿈을 꿀 때, 집단치료가 더 진전될 수 있도록 이 꿈 재료를 집단 속으로 가지고 오는 것은 종종 유익하다. 한 여성이 치료 집단에 참여하면서 한동안 집단의 다른 여성에게 계속 폭력적인 반응을 보여 주었다. 그녀는 다른 여성이 '집단의 연인'이었고, 그에 비해 자신은 거의 모든 일에 대해 집단의 비난을 받고 있다고 느꼈다. 그녀의 반응은 개인 분석 시간에 논의되기도 했지만, 그것은 이전에는 명확하지 드러나지 않았던 심각한 형제자매 사이의 경쟁 문제를 가리키고 있는 것 같았다. 그런 뒤에 그녀는 치료 집단에 있는 그 다른 여성에게 아주 친절하게 대하는 꿈을 꾸었다. 이 꿈은 확실히 그녀의 의식적 반응을 보상하는 듯한 꿈이었다. 그녀가 그 꿈을 집단과 나누기로 결정하자, 그녀는 적절한 정서적 통찰을 가지게 되었고 처음에는 싫어하고 두려워했던 그 여성에게 친근감을 느끼고 있음을 곧바로 깨닫게 되었다.

기억해야 할 점들

1. 분석 과정은 전이와 역전이가 놓인 변형의 장(場)에서 일어난다.

2. 분석가의 무의식적 과정이 개입되지 않는 것은 불가능하지만, 내담자의 무의식적 과정과 비교해서 작은 요인이어야 한다.

3. 분석가가 명확하게 나오는 내담자의 꿈 혹은 그 반대의 경우도 마찬가지로, 이런 꿈들은 주의를 기울여서 다루어야 한다. 특히 강한 성적 요소가 포함될 경우는 더욱 주의를 기울여야 한다.

4. 꿈은 환원적 분석이나 미래지향적 분석에 필요한 단서, 즉 약물의 사용과 또 다른 임상적 선택을 제공할 수 있다. 그러나 꿈은 다만 결정 과정의 일부가 되어야 한다.

5. 꿈 해석만이 항상 분석의 일차적인 초점인 것은 아니다.

6. 일반적으로, 내담자의 가장 강한 '충격받은 자아' 상태와 연관된 자료를 따르라.

7. 분석에서 변형의 장은 분석의 안전한 테메노스 안에 있는 '충격받은 자아' 상태를 경험하는 것으로 구성되어 있다. 파괴로 위협받을 때 테메노스의 안전을 유지하는 일이 꿈 해석과 분석 작업의 다른 측면보다 앞선다.

8. 꿈의 의미는 비록 완전하게 이해되었다고 할지라도, 결코 다 이해된 것이 아니다. 겸손한 마음이야말로 꿈 해석의 성패를 결정하는 가장 중요한 요인이다.

06
꿈속의 자아 이미지와 콤플렉스

꿈 속 자아에게 일어나는 변화들, 즉 꿈속 자아의 이미지는 종종 융 학파 분석의 임상 과정에 많은 지표를 제공한다. 꿈은 주의 깊게 확충되어서 내담자의 현재 삶의 맥락과 개성화 단계에 위치되어야 한다는 것을 다시 기억하는 것이 중요하다.

분석 심리학의 기초를 이루는 구조적 개념들은 이미 논의했다. 자아와 그림자라는 자아 정체성 구조, 페르소나와 아니마/아니무스와 같은 좀 더 관계적인 구조들이 그것이다. 꿈 이미지는 종종 이러한 구조적 개념들에 쉽게 들어갈 수 있다. 하지만 그러한 개념과 실재를 동일시하는 것이 어떤 식으로든 꿈의 임상적 이용에 충분하다고 생각할 수는 없다. 꿈은 정신에 대한 어떠한 이론적 모형보다 더 미묘하다. 정신은 그러한 환원적 방식으로 이용되어서는 안

된다. 그렇지만 융의 구조적 개념들은 꿈의 움직임을 존중하고, 신중하게 적용된다면 분석가와 내담자 모두에게 심리적 방향을 안내하는 수단이 되며, 당면한 과제를 이해하는 데 도움을 줄 수 있다.

콤플렉스의 식별

콤플렉스들은 여러 꿈에서 쉽게 식별될 수 있다. 하지만 꿈은 단순히 콤플렉스들을 식별하는 것보다 더 많은 정보를 준다. 말하자면, 꿈은 정신이 배열된 콤플렉스들과 무엇을 하고 있는가를 보여 준다. 어떤 구조화되지 않은 자극들에 대한 한 개인의 자유연상은 그때 배열된 모든 콤플렉스들을 드러낼 것이다. 융은 단어연상검사 연구에서 이를 주목했다. 융이 프로이트의 자유연상 기법을 반대한 것은 단지 그것이 콤플렉스들로 이끌어 줄 뿐이며, 연상의 사슬에 첫 시발점이 되는 꿈의 이미지와 연관성을 드러내지 못하기 때문이었다. 융은 꿈이 상징적이지만 위장은 아니며, 꿈의 배후에는 감춰지거나 '잠복된' 의미가 있다는 생각을 믿지 않았기 때문에, 꿈 이미지의 '위장된' 그 배후를 보려고 하지 않았다. 그보다는 내담자의 마음에서 자연스럽게 연상되면서 발견되는 이미지들을 통해 그 의미를 드러내기 위해서 개인적 · 문화적 · 원형적 수준에서 확충하였다.

꿈은 콤플렉스들을 식별하는 것뿐 아니라, 다른 콤플렉스들과 예상치 못했던 연결 관계를 보여 줄 수도 있다. 예컨대, 최근에 이혼을 한 어느 젊은 여성은 다음과 같은 꿈을 꾸었다.

> 나는 전남편과 살았던 오래된 집에 있다. 늦은 밤이다. 나는 오래된 침대에 있으면서 밖에서 나는 소리를 듣는다. 전남편과 그의 새 여자 친구를 본다. 나는 전남편에게 내가 이 집에 머물고 있으니 여기에 있지 말라고 말했던 것 같다. 그들은 함께 잠을 자기 위해서 계단을 올라가 전남편의 침대로 들어간다. 나는 실제로 내 부모님의 집에서 내 오래된 침대에 있고, 전남편과 그의 여자 친구가 내 부모님의 침대로 들어갔다는 것에 소스라치고 있음을 알아챘다.

꿈은 그녀를 놀라게 했다. 그녀는 친정아버지의 자리에 전남편을 놓았고, 전남편에 대한 그녀의 감정이 어떤 오이디푸스 콤플렉스를 함축하는 암시를 받았기 때문이다. 그러한 무의식적 연결 관계가 전남편에 대한 성적 혐오의 이유이며, 또한 이것이 이혼을 불러온 태도라고 설명할 수 있다는 사실을 알아챘기 때문에 놀라움은 더욱더 컸다.

다음의 또 다른 여성 내담자는 자신의 어머니에 대한 현재의 상황과 지난 감정 사이에 어떤 유사한 관계를 발견했다. 이는 어머니 콤플렉스를 의미했다. 그녀는 같은 밤에 꿈을 두 번 꾸었는데, 수년 동안 자신의 삶을 지배해 왔던 지나치게 꼼꼼하고 주도면밀한 성격으로 생긴 심각한 문제를 겪고 있을 때였다. 어머니 콤플렉스에 대한 관계는 첫 번째 꿈에서는 분명하지 않지만, 두 번째 꿈과 함께 놓고 보면 확실하게 어머니 콤플렉스가 눈에 드러난다.

〈꿈 1〉

나는 서너 명의 사람들과 어떤 바위 턱에 있으면서 무서움을 느끼고 있다. 나는 미끄러져서 6~9미터 아래의 땅으로 떨어졌다. 바닥에 닿았을 때는 괜찮다는 생각을 하며 거기에 누워 있었다. 하지만 나는 사람들이 내가 관심을 끌려고 한다고 생각하지 않기를 바랐다.

〈꿈 2〉

나는 어머니가 사는 집의 지붕 위에 있다. 다른 사람들도 거기에 있다. 나는 뛰어내리는 것이 두려웠다. 누구도 관심이 없는 듯했다.

두 꿈은 다소 다르지만 유사한 첫 이미지를 가지고 있다. 이 이미지는 두 꿈을 동일한 콤플렉스 패턴으로 이어 주고 있다. 하지만 콤플렉스 구조는 약간 다른 관점을 보여 주고 있다. 첫째 꿈에서 바위 턱은 둘째 꿈에서 어머니가 사는 집의 지붕과 유사하다. 첫째 꿈에서는 의도하지 않은 추락이 있었고, 뒤이어 안전을 염려하는 꿈속 자아의 당연한 관심은 타인들에게 올바로 보이지 않을 거라는 신경증적인 생각('나는 사람들이 내가 관심을 끌려고 한다고 생각하지 않기를 바랐다.')이 주도권을 잡으면서 옆으로 밀려나게 된다. 둘째 꿈에서 그녀는 추락하지 않고, 다른 사람들은 그녀의 위태로운 자세에 대해 무관심하다. '어머니가 사는 집의 지붕' 위에 있는 것은 현재의 어려움이 주도면밀한 의식적인 관심에서가 아니라 부모 콤플렉스에서 기인함을 가리킨다. 어떤 의미에서 '너무 죄스럽다.'라는 느낌은 그녀가 적절하지 않게 '너무 높이' 있고 바위 턱이나 지붕 같은 어떤 난처한 장소에 있는 것에 의해서 보상되거나 더 진실한 시각으로 드러나 있다. 그녀는 그 관심을 가족과 연결시켰다. 즉, 그녀는 자기 가족에 대해서 실망감을 느끼고 있었다. 이는 여동생이 낳은 첫째 아이에게 쏟아지는 가족의 관심과 대조적으로 자기가 최근에 낳은 아들에게 가족이 아무런 관심도 보이지 않아서 생긴 것이었다.

구조 전환: 접경과 경계

하나의 자아 정체성에서 다른 자아 정체성으로 전환되는 것이 꿈에서 상징으로 나타날 수도 있다. 이는 흔히 접경이나 경계를 넘어가고, 다리 위로 물을 건너가는 것과 같은 형태를 취한다. 그러한 이미지는 자아 정체성을 유지하면서 하나의 정체성에서 다른 정체성으로 움직일 수 있는 자아의 존재나 능력이 지닌 두 가지 대조적인 상태를 보여 준다. 이는 어떤 안정된 신경증적 패턴 속에서 하나의 정체성에서 다른 정체성으로 이동하는 보다 신경증적인 움직임들과 대조적이다. 물론 안정된 패턴이 신경증적이라면, 그 패턴에서 전적으로 벗어나는 정체성의 전환은 임상적인 호전 상태라고 생각된다. 하지만 어떤 유사한 패턴에서 벗어나는 정체성의 움직임은 새로운 패턴이 안정화될 때까지는 불안을 유발한다.

집단치료 시간에 어떤 한 남성이 한 여성에게 거칠게 말했다. 그런데 이는 그가 항상 자신의 부정적 감정을 숨겨 왔기 때문에 이렇게 하는 것에 익숙하지 않기 때문이었다. 이 부정적 감정은 그의 그림자를 감추어 두었지만 통합을 위해서 의식으로 들어오는 것을 막기도 했다. 그는 자신의 부정적 감정을 나타냈던 것에 대해 기분이 상해서, 혼자 틀어박히는 오래된 패턴으로 물러나 신경질적이고 변하지 않은 상태로 자신을 꽁꽁 얼려 버리고 싶은 마음이 들었다. 그는 집단치료 경험을 한 직후에 꿈을 꾸었다.

> 나는 어떤 경계에 있는데, 그것은 베를린 장벽 같지만 폴란드에 있었다. 나는 자유진영 쪽에 있었는데, 어떤 이유에서인지 자유가 없는 저쪽으로 가고 싶었다. 그곳에 붙잡혀서 되돌아갈 수 없을지도 몰랐다. 신중해야 했다. 주변에는 아무도 없어서 무서웠다.

그가 자신의 죄 때문에 '자유가 없는 저쪽'의 본성으로 건너가려는 경향을 가리키는 것에 덧붙여서, 그 꿈은 자신이 결혼 전에 알았던 한 여성과 성관계를 맺으려 했던 충동을 되돌아보게 하였다. 그의 인격 측면들인 '자유진영 쪽'과 '자유가 없는 쪽'은 그의 기본적인 신경증적 문제와 삶 속의 여러 영역에서 그것이 드러난 것과 상호 연관될 수 있을 것이다.

관계 구조와 정체성 구조

융이 그 정체를 파악한 심리학적 구조들은 꿈을 이해하는 데 유용한 도구가 될 수 있다. 여기에는 페르소나, 그림자, 아니마와 아니무스, 진아, 다른 원형적 이미지들, 또한 자아의 다양한 형태와 역할들이 있다. 이런 용어들은 굳이 내담자가 말을 꺼내지 않는다면 내담자와 꿈에 대해서 이야기를 나눌 때는 잘 쓰지 않는다. 하지만 분석가가 분석 방향을 정하는 데 유용한 용어들이다. 내담자와 나누는 일상적인 이야기에서 이 용어들을 과도하게 사용하면, 참다운 정서적 통찰과 변형에 대해 값비싼 대가를 치르고 지적인 이해만을 부추기는 위험에 빠진다. 내담자가 수련 중에 있는 예비 분석가일 때, 그가 가져온 자료에서 구조적인 성분들을 식별하는 것이 유용한 교육 장치가 될 수도 있지만, 정서적인 이해가 이루어진 다음에만 그렇게 해야 한다.

◎ 페르소나

페르소나의 역할들은 종종 '가면'으로 생각되어 자아에 의한 '참된' 인격의 경험과 대조해서 어떤 부정적인 의미가 부여되어 있다. "나는 나 자신이 되고 싶을 뿐이야." 하지만 이는 페르소나의 기능에 대한 오해다. 페르소나는 집단 의식적 상황에 관련되는 하나의 구조일 뿐이다. 이는 사회 이론에서 역할 개념과 유사하다. 자아는 보통 자신이 페르소나와 동일시되거나 동일시되지 않을 수 있다는 것을 알고 있다. 반면에 일반적으로 그림자 정체성들과 동일시되거나 동일시될 수 없다는 것은 잘 모른다. 그림자는 자아의 일부분이지만 수용될 수 없는 것이다. 페르소나는 선택적인 것 같고, 그림자는 강박적인 것 같다. 그러나 둘 모두는 정신의 다른 구조적 성분들과 관계된, 서로 다른 긴장으로 유지되고 있는 자아 정체성 역할에 불과하다.

꿈에서 페르소나 측면은 종종 (입거나 벗은 모습의) 옷, 드라마에서 역할을 하는 것 같은 배역 등으로 나타난다. 페르소나와 동일시는 자아에게 연기할 수 있는 역할이 없는 비어 있고 '죽은' 느낌이 들게 할 수도 있다. 이는 다음과 같은 꿈에서 아주 분명하다. 한 육군 장교의 꿈이다. 그는 무대에서 내려오는 자신을 보고 있는데, 군복을 입고 죽어 있는 모습이었다. 하지만 무대 위에 있었던 다른 사람들은 자기 인생의 다른 역할을 하고 있는 중이었다. 반대로 잘 어울리는 옷이 없거나 사회생활을 하면서 나체로 있는 것은 어떤 부적절한 페르소나를 가리키는 꿈의 주제다.

페르소나가 잘 기능할 때는 사회적 교류에서 자아의 활동을 촉진한다. 페르소나는 또한 자아의 변형을 위한 하나의 교통수단이기도 하다. 무의식적 내용물들은 처음에는 어떤 페르소나의 역할을 통해서 경험되고 난 뒤에 정체성 부분인 자아로 통합될 수 있다. 이를 피아노 연주를 배우는 것에 비유해 볼 수 있다. 페르소나에서 자아 구조로 가는 움직임은 아주 분명하다. 처음에는 피아노를 연주하고, 많은 노력을 하고 나서 어떤 시점에 이르면 자동적이고 무의식적으로 연주를 할 수 있다. 비록 연주를 하다가 어려움이 생기면 다시 의식적으로 집중해서 기술을 검토할 수도 있지만, 이미 구조화된 기술은 자동적이고 무의식적으로 구사될 수 있다.

페르소나가 꿈에서 식별될 때, 꿈에 나타난 다른 구조들과 연관

해서 바라보아야 하며 전체적인 꿈의 움직임에 대한 조망 속에서
살펴야 한다. 본래 페르소나는 그 자체로 긍정적이지도 부정적이
지도 않다.

◎ 그림자

　그림자 이미지도 부정적이라는 느낌을 함축하는 듯하다. 하지
만 앞서 말했듯이, 이 또한 어린 시절에 미숙한 자아에서 그림자 내
용물들이 근원적으로 분리되었다는 것에 근거를 둔 하나의 환상일
수 있다. 아이는 어른의 자율성을 지니지 못했으므로 그 자체로 신
경증을 앓는(혹은 일시적인 문제를 가진) 가족이나 사회적 상황에 순
응하면서 자아의 완벽하게 좋은 부분을 그림자로 분리시킬 수도
있다. 만일 그림자 정체성이 후일 수정을 위해 의식으로 들어온다
면, 그림자 속의 특성들은 자아가 정상적인 기능을 하기 위해서는
쉽사리 이용할 수 없다. 어떤 유형의 심리치료도 어느 정도는 그림
자를 의식으로 가져와서 그 적합성에 대해 좀 더 성숙한 결정을 내
리는 과정을 포함하고 있다. 만일 그림자 통합이 이루어지지 못하
면, 그림자의 내용물은 타인들(주로 자아와 같은 성별을 띤다.)에게
투사되는 경향이 있고, 손쉬운 대인관계 기능에 비합리적인 장애
가 된다.
　어떤 의사의 꿈을 예로 들어 보자. 이 의사는 그림자와 페르소나
의 특성과 그의 정신에 있는 이 두 성분 간의 관계에서 미성숙한 문
제를 많이 가지고 있었다.

나는 독일의 게슈타포(집단적 그림자의 상징)에 대항하는 비밀 요
원(감춰진 정체성)이었다. 내가 입었던 제복은 아래 부분이 틀어져 있
었다(페르소나 문제 암시). 서너 명의 사람들이 제복의 아래 부분을 바
로잡아 주기 위해 도와주려 하고 있었다(그림자가 도움이 될 수 있는
부분들).

이 꿈은 낮에 꾼 것인데, 꿈을 꾸기 전에 이 남자는 나치의 잔당
을 체포하는 TV 프로그램을 시청했다. 그는 게슈타포에 소속된 자
들을 '권위에 굴종적이고 완고하고 고집스러우며 파괴적이고 사악
한 인간들, 사회부적응자이자 미친놈들'이라고 생각했다. 이러한
연상들은 어느 정도는 그 자신의 그림자를 묘사하는 것이었지만,
또한 그러한 자료를 다루는 것에 대한 자신의 두려움을 표현한 것
이기도 했다. 꿈은 부적절한 페르소나(아래 부분이 틀어져 있는 옷)와
그림자 문제의 심각한 본성이 서로 관계되어 있음을 보여 주었다.

그림자는 좀 더 포괄적인 자아 구조로 통합될 필요가 있는 성질
들을 가질 수 있다. 이는 자주 공격적인 그림자 형상이 출현하는 꿈
에서 나타난다. 이 그림자는 완전히 수동적인 깨어 있는 자아를 보
상하기 위한 것이다. 하지만 그 반대의 형상, 즉 깨어 있는 자아보
다 좀 더 친절하거나 순응적인 인물로 형상화된 그림자로 나타나
는 경우도 있다.

◎ 아니마와 아니무스

아니마나 아니무스는 아니마나 아니무스의 공간뿐 아니라 자아,
페르소나, 그림자 등의 내적 '공간'을 포함하는 개인적 영역을 확장
하는 기능에 주로 이바지한다. 이는 외부 세상에 있는 정반대의 성
별을 가진 인물에 투사되는 것을 통해서 이루어진다. 하지만 꿈이
나 환상의 인물이 하는 중재를 통해서 일어날 수도 있다. 많은 동화
들은 아니마와 아니무스의 풍부한 원천이다. 여기에는 (남성 속) 아
니마의 행위에 대한 극단적인 의지 혹은 (여성 속) 아니무스가 자아
를 피폐하게 만드는 내용이 들어 있다. 깨어 있는 일상생활에서 아
니마나 아니무스의 존재는 보통 어떤 정서나 사고방식이 정서적으
로 고집스럽거나 비인격적인 방식으로 고착될 때 분명해진다. "마
땅히 해야 한다."라는 말로 표현되는 감정과 의견은 여성과 남성의
고정관념이나 수용할 수 있는 행동의 집단적이고 일반화된 규칙
에 기초를 두고 있으며, 이는 페르소나나 아니마와 아니무스의 무
의식적 부분에서 온 것이다. 이런 점들은 정확하게 알아볼 수 있는
데, 감정이나 의견의 특성이 비인격적이기 때문이다. 이 특성은 다
른 사람에게로 향할 수도 있지만, 그 다른 사람의 실재성과 그 사
람이 그렇게 '존재해야 한다'는 투사된 환상 사이에는 어떤 차이도
없다.

아니마와 아니무스의 투사를 거두어들이는 과정에서 개인의 자
아는 의식의 영역을 넓히면서 더 커지게 된다. 예를 들어, 어떤 사
랑하는 사람에 대한 투사를 거두어들이는 데 실패하면, 원한에 차

고 천박한 관계를 만들어 낼 수 있다. 이전에 사랑하던 사람은 기대처럼 살지 않고, 그 사람은 투사가 약속했던 사람이 아니라는 것을 알게 된다. 만일 투사를 거두고 그 내용물들을 투사하는 자아의 주관적 세계의 부분으로 만들면, 전에 투사를 통해서 보았던 사람과 좋은 인간관계를 맺을 여지를 만들 수도 있다.

두 여성의 꿈을 예로 들어 보자. 이 꿈은 자아 자체에 필요한 강도를 발달시키기보다는 아니무스에 극단적으로 의지하는 모습을 보여 준다. 첫 번째 여성은 이런 꿈을 꾸었다. 그녀는 발레 수업에서 특별한 발레 스텝을 밟으며 긴 계단을 내려가고 있었다. 어떤 남자가 도와주러 왔다. 그는 그녀를 계단 아래로 데려갔는데, 그녀는 마치 실제로 자기 힘으로 계단을 춤추며 내려가는 것처럼 자기 발을 움직이려 애쓰고 있었다. 그녀는 이 꿈에 대해 말했다. "아주 작고 많은 계단이 있었기 때문에 발을 빨리 움직이려고 엄청 노력을 했고, 저를 데리고 계단을 내려가고 있는데도 모르고 계속하고 있어요."

두 번째 여성도 꿈을 꾸었다. 그녀는 아버지와 보트에서 낚시를 하고 있었다. 뭔가 낚시를 물었다. 그녀의 낚시였지만, 아버지가 온 힘을 다해서 낚싯줄을 감아올렸다. 한동안 그녀는 자신이 아버지 형상의 아니무스에 과도하게 의지하고 있다는 생각에 저항했다. 그 꿈은 아버지가 그녀를 위해 '마무리로' 무언가를 하는 것을 보여 주고 있다는 해석에 초점을 두었기 때문이었다. 그녀는 자신의 능력을 추호도 의심하지 않는 지적으로 아주 뛰어나고 창조적인 여성이었다. 말하자면, 그 능력은 현재 가지고 있지만 (아니무스

안에 있는) 무의식적인 것이며 아직은 자아의 기능 구조로 통합되지 않고 있었다.

기성의 관점에서 앞서 말했듯이 아니마는 남성의 무의식적 감정과 연관되는 경향이 있다. 반면, 아니무스는 여성의 미발달된 사고와 동일시된다. 이런 단순한 일반화는 특히 전통적 유럽 문화에서는 진실일 것이다. 융은 이 문화 속에서 자신의 성격을 형성해 왔다. 그러나 이런 일반화가 구체적인 개별 사례에서는 확실히 사실이 아닐 수도 있다. 아니마나 아니무스의 형상은 개인 영역의 조직 구조에 의해서 결정되고, 그 내용물들은 성장하고 있는 페르소나와 그림자에 따라 정해진다.

한 남성이 이런 꿈을 꾸었다. 이 남성은 어떤 새로운 아니마 발달 단계를 시작하고 있었는데, 여성에 관해 이상화된 그의 감정은 주위에 있는 실제 여성들에게 많이 투사되고 있지 않았다. 그는 꿈에서 어떤 귀신 같은 여성을 흘깃 보았다. 그녀는 정원을 향해 있는 복도를 가로질러 가면서 웃고 노래하고 있었다. 이는 그 남성의 투사에서 아니마가 분리될 수 있고 어떤 의미에서 과거(귀신과 같은 형상)와 연관되어 있음을 보여 준다.

아니마와 아니무스가 자아의 성 정체성에 대해 일반적으로는 서로 반대의 성이지만 이들이 그림자에 오염되어 나타나는 임상적 사례도 확실히 존재한다. 그래서 아니마나 아니무스의 성은 확실하지 않다. 만일 자아의 성 역할에서 정체성 혼란이 있다면, 꿈속에서 그림자와 아니마나 아니무스의 이미지에도 이러한 혼란이 반영될 것이다. 또한 이런 구조적 용어들은 어느 정도 일반화에 지나지

않음을 기억해야만 한다. 실제의 꿈과 꿈의 이미지들은 개념들보
다 훨씬 더 복잡하다.

진아, 자아-진아의 축

정신의 조절 중추인 진아도 다른 원형적 이미지들과 함께 꿈에 나
타날 수 있다. 자아의 원형적 핵인 진아의 출현은 종종 자아의 안정
화를 위한 요구를 가리킨다. 왜냐하면 자아의 안정과 어떤 안정된
형태로 드러나는 진아 사이에는 서로 돕는 관계가 있기 때문이다.
만일 자아가 혼란에 빠지고 길을 잃게 되면, 진아는 만다라처럼 매
우 질서 있는 형식으로 나타나는 것 같다. 심리학적으로 말해서 만다
라 이미지는 보통 분명한 주변과 중심을 보여 주는 어떤 전체성을
강조하는 것이다. 역사적인 의미에서 만다라라는 용어는 불교에서
사용된 매우 구조화된 명상의 상징을 가리킨다. 이는 보통 (명상의
대상이 되는) 중심적 이미지와 그 주위에 그보다 중요성이 덜한 이
미지들이 있는 네 개의 문이 있는 광장이나 원형 도시로 구성되어
있다.

꿈에서 진아의 이미지는 정확하지 않을 수도 있다. 이를테면, 분
수가 있는 중앙의 안뜰을 둘러싼 한 개의 건물이나, 중앙의 공동 부
속건물과 연결된 커다란 두 개의 건물들과 같은 식이다. 진아는 '신
의 목소리'처럼, '모든 곳'에서 들려오는 듯한 소리로 드러날 수도
있다. 이는 일반적으로 의문의 여지가 없는 통합과 올바름의 의미,

즉 사물이 실제 있는 그대로 존재하는 것과 같은 어떤 불화의 여지
도 없는 의미를 가지고 있다. 고전적인 사례는 앞서 언급했던 꿈에
서 볼 수 있다. 단 하나의 문장으로 이루어진 어떤 권위적인 목소리
가 말한다. "너는 진실한 삶을 영위하고 있지 않다!"

진아가 취할 수 있는 이미지의 목록을 구성하는 것은 불가능하
다. 충분한 위엄과 의미를 가지고 나타나는 실질적인 어떤 이미지
라도 이 중심적 원형의 힘을 의미할 수 있기 때문이다. 또한 진아의
원형과 꿈에서 나타나는 진아의 특별한 원형적 이미지를 구별하는
것이 중요하다. 원형으로서의 진아는 하나의 전체로서 질서를 부
여하는 정신의 중심이며, 자아보다 더 큰 전체이지만 자아와 매우
친밀하게 관련되어 있다. 정신의 전체성으로서의 진아는 개성화
과정이 생성되는 장이다. 그러나 진아는 또한 자아의 발달이 토대
를 두고 있는 원형적 패턴이다. 개념적으로 전체 정신의 중심이 되
는 성질이 진아이며, (개인의 영역인) 의식의 중심이 되는 성질은 자
아다. 우리가 꿈에서 진아를 말할 때는 실제로 그것을 전체로서의
정신의 중심에 대한 원형적 이미지로 생각하는 것이다. 꿈에서 자
아의 어떤 원형적 이미지는 개별적인 꿈속 자아의 관점에서 바라
본 이 전체성의 한 가지 이미지다. 자아의 내용물들이 전환하면, 그
처럼 진아의 이미지는 둘 사이의 관계에도 불구하고, 항상 정신의
중심(진아)에 의식의 중심(자아)이라는 이미지를 남긴다.

자아와 진아의 축(ego-Self axis)은 자아와 진아 사이의 관계를 설
명하기 위해서 때때로 사용되는 용어다. 이 용어를 사용하는 데 몇
가지 이견이 있는데, 주로 '축'이라는 단어가 의미하는 정적인 특성

에 대한 것이다. 자아와 진아의 실제적인 관계는 변화가 많고 다양하다. 개인적으로 나는 **자아와 진아의 호흡**(ego-Self spiration)이라는 용어를 더 좋아한다(라틴어 'spirare'는 '숨쉬다'라는 뜻이다). 이는 자아와 진아 사이에 숨을 내쉬는 것, 내쉬고 들이쉬면서 왔다가 갔다가 하는 흐름을 강조한 것이다.

융은 『자서전』에서 자아와 진아 사이의 본질적으로 수수께끼 같은 관계를 예증하기 위해 그가 꾼 두 개의 꿈을 연결하고 있다. 한 꿈에서 융은 그 자신이 어떤 비행접시에 의해서 보호받고 있다는 것을 깨달았다. 융이 보호하는 것이 아닌 반대로 말이다. 다른 꿈에서, 융은 명상에 잠긴 요가 수행자의 꿈에 자신이 하나의 꿈속 인물로 있다는 것을 느꼈다. 그 요가 수행자는 바로 융의 얼굴을 하고 있었다. "나는 그가 깨어났을 때 내가 더 이상 존재하지 않는다는 것을 알았다."[1]

자아와 진아 사이의 이러한 움직임 혹은 잠재적 움직임은 그 자체보다 더 크고 더 강력한 어떤 것에 의해서 또는 그것에 의해서 관찰되는 자아 이미지를 강조하는 꿈에서 발견될 수 있다. 예를 들면, 한 40대 남성이 꿈을 꾸었다. 그는 해양 소년 단원으로 여객선에 타고 있었는데, 친구들과 극성스럽게 장난치다가 그만 물속에 빠졌다. 그가 구명보트로 되돌아가기 위해 수영을 시작했을 때, 그것이 커다란 여객선으로 변했다. 그리고 나서 그는 어떤 이상한 소리를

---

1) *Memories, Dreams, Reflections*, trans. Richard and Clara Winston, ed. Aniela Jaffe (London: Collins Fontana Library, 1967), pp. 354-355.

듣고 멈추었다. 그는 그것이 바다 아래에 있는 20∼25미터 정도 되는 커다란 고래가 낸 소리라는 것을 알았다. 잠시 동안 그는 마치 자신이 고래처럼 그 바다 위에 있다는 것을 '알았다'. 물 위에 있는 자신의 모습이 '단지 물방개'처럼 보였다. 그는 마치 무언가 중요한 일이 생긴 것처럼 정신이 초롱초롱해지는 것을 느꼈다. 하지만 어떤 두려운 마음도 없었고 커다란 고래는 특별히 위협적이지 않았다.

여기서 꿈꾼 이의 다소 청소년 같은 자아 정체성(해양 소년 단원)은 무의식(바다)과 접촉하게 되자, 갑자기 어떤 의미에서 상위 수준의 주제(고래)를 지닌 대상이라는 것을 알게 된다. 동시적으로, 앞서 꿈속 자아(구명보트)를 실었던 것이 커다란 해양 여객선이 된다. 물과 접촉한 자아 이미지는 그래서 자신을 그 자체보다 더 큰 두 관점 사이에서 경험한다. 이는 바다의 고래와 물 위에 인간이 만든 여객선이다. 청소년의 (유치한) 태도는 부드럽게 보상되고, 무섭지만 위협적이지는 않은 어떤 것이 막 일어나고 있는 것 같다.

원형적 확충

꿈속의 원형적 이미지들은 종종 자아 발달 과정의 변화를 가리키거나, 부적절하게 형성된 어떤 자아 구조를 보상한다. 모든 콤플렉스의 배후에는 하나의 원형적 핵이 있기 때문에, 원형적 토대의 방향으로 어떤 주제를 항상 확충할 수 있다. 하지만 원형적 확충은 임상 환경 내에서 제한적으로 사용되어야 한다. 원형적 확충에 따르는 원치 않고 심지어는 위험스러운 부작용은 무의식적 이미지와 그 원형적 의미에 매혹되는 것이다. 이 매혹은 무의식과 외부의 집단 세계로부터 제공되는 많은 원형적 가능성 가운데 개인적 의미를 발견해야 하는 개성화 과정에서 벗어나게 만들 수도 있다. 실제로 어떤 사람들은 자신을 융 학파 분석가라고 자랑스럽게 소개한다. 이들은 융이 원형이라고 부른 것과 이미 아주 가깝게 접촉한 것이 하나의 탁월한 '자격증'이라고 믿고 있다. 이들은 오직 나중에야 그것이 자신들의 주된 문제임을 깨닫게 될 것이다. 하지만 끝내 깨닫기 어려울 것이다. 미분화된 전체성은 충분히 성숙하지 않았기 때문에 여전히 무의식적이다.

실제적인 문제에 있어서, 분석가는 있는 그대로 식별할 수 있는 원형적 이미지들만을 해석할 수 있다. 이는 주로 신화, 민속, 종교 등에 걸친 광범위한 친근성에 의존한다. 또한 여기에는 대단히 광범위한 사람들에게 장구한 시간 동안 운용되고 기록으로 전승된 전통에 포함될 만큼 충분한 의미를 가진 중요한 이미지의 보고도 해당된다.

가끔씩 오직 원형적 연상으로만 의미 있게 확충될 수 있는 꿈 이미지들이 있다.[2] 원형적 이미지들은 친숙한 문화 형태에서 매우 분명하다. 예를 들면, 다음의 꿈에는 거북이(전체성의 상징, 세계의 토대), 알(원초적 시작의 상징, 우주의 알), '하나'에서 '둘'로 움직이는 신비로운 운동, 엄마와 아기의 관계, 틀림없는 진리를 말하는 신비로

---

2) *Clinical Uses of Dreams*, pp. 269–271.

운 목소리 등과 같이 원형적 관점에서 고려할 수 있는 많은 이미지
와 주제가 있다.

> 나는 해변에서 어떤 빛나는 거북이 등껍질을 보았다. 근처에는 새
> 의 알이 있는데, 그것도 거북이 등껍질처럼 빛났다. 형체가 없이 어떤
> 목소리가 말했다. "그것은 알 같은 것이지만, 만일 네가 그것을 손으로
> 줍는다면 두 개가 될 것이다." 그 목소리는 지성적이고 신과 같은 느낌
> 을 풍겼다. 내가 알을 집어 드니 그것은 신비롭게도 두 개가 되었다. 그
> 목소리가 말하길, 두 개 모두는 부화해서 어미 새와 아기 새가 될 것이
> 며, 아기 새는 어미 새에게로 가는 길을 찾을 것이다. 그런 뒤 나는 아
> 기 새가 어미 새를 향해 해변을 뒤뚱거리며 걷는 것을 보았다.

확충을 위한 많은 원형적 가능성이 있었지만, 이 꿈은 어떤 특별
한 강조점도 없이 내담자가 꾼 여러 꿈속에 숨겨져 있었다. 그것은
종교와 신화로 많은 윤색을 거친 어머니와 자식 관계(알 하나가 둘
이 되고, 하나는 새끼고 다른 하나는 어미다.)의 원형적 발달에 의해서
해석될 수 있을지도 모른다. 그러나 꿈 자체의 효과는 문제가 별로
없었던 어머니와의 관계와 자기 자식들의 어머니로서 점차 호전
되어 가는 역할에 대한 관계에 영향을 끼치면서, 어머니의 이미지
를 가진 어떤 뿌리 깊은 어려움에 대한 해결을 향해 꿈꾼 이를 충분
히 감동시킬 수 있었다. 그녀는 오래 지나지 않아서 다른 꿈을 꾸었
다. 꿈에서 그녀는 어떤 위험한 폭발을 방지하기 위해 건물 주위에
불필요하게 설치된 '건축 공사장의 비계'를 재빨리 치워야 했다. 이

는 분석가에게 초기에 꾼 꿈을 확충하지 않았던 결정이 옳았다는 확신을 주는 계기가 되었다. 분석가는 꿈의 목적이나 메시지가 좀 더 개인적 수준에서 더 잘 다루어진다고 생각했고, 다른 분석 시간에서 이미 들어 본 적이 있었다고 느꼈다.

07
평범한 꿈의 주제

꿈 주제들의 방대한 목록과 그것의 평소 의미
들을 제시하는 것은 불가능하다. 그렇게 하
려고 시도한다면 꿈 해석이 '요리책' 쪽으로 흘러갈 것이다. 이는
올바르지도 않을뿐더러 그릇된 방향으로 나가는 것이다.

모든 꿈의 이미지는 맥락적이다. 동일한 이미지가 동일한 사람의
다른 꿈속에서 서로 다른 것을 의미할 수 있으며, 그 사람이 아닌
누군가가 꿈을 꿀 때도 확실히 이와 같다. 경험이 많은 분석가는 꿈
주제들에 대한 논의를 아무리 한다고 해도 원칙적으로 철저할 수
는 없지만, 이것이 전적으로 다른 맥락에서 유용할 수도 있는 해석
의 가능성과 어떤 형식을 예시하는 데 기여한다는 점은 잘 알고
다. 심층심리학을 잘 알고 있는 숙련된 꿈 해석자가 하는 개인 분석
과 사례에 대한 슈퍼비전이야말로 임상적으로 꿈을 다루는 방식을

배울 수 있는 가장 직접적이고 실제적인 방법이다.

그러므로 여기에서 제시되는 예들은 다른 사례에 대한 단서를 제공할 수 있는 구체적인 사례들로만 간주되어야 한다. 다른 사례는 항상 그에 적절한 특수한 세부사항과 의미를 가지고 있을 것이기 때문이다.[1]

근친상간

꿈에서 근친상간이 출현했다고 해서 반드시 부정적인 신호로 생각할 필요는 없다. 루비콘강을 건너 로마로 진격하기 전에 카이사르는 자기 어머니와 근친상간을 하는 꿈을 꾸었다. 이는 정확히 '어머니' 로마를 만족스럽게 자신이 접수하고, 이에 어떤 저항도 없을 것이라고 해석되는 꿈이다. 고대 이집트에서 왕실의 형제자매가 근친상간을 맺는 것은 실제로 필요하지는 않을지라도 적절한 것으로 여겨졌다. 이는 이시스 신과 오시리스 신의 원형적 신화에서 전래한 형제자매의 근친상간을 반영하는 것이다.[2] 꿈에서 근친상간은 꿈속 자아와 부모나 형제자매로 의인화된 원형적 의미 사이의

---

1) 여기에서 제시된 여러 주제는 다음 저술에서 길게 논의되어 있다. *Clinical Uses of Dreams*, pp. 275-327 참고.

2) (역자 주) 오시리스(Osiris)는 태양신 라(Ra)와 달의 여신 누트(Nuit) 사이에서 태어난 아들이고, 이시스(Isis)는 오시리스의 여동생이다. 이시스는 사랑과 우애의 여신이며, 오시리스는 농업을 관장하는 농업의 신이다.

접촉을 나타낼 수도 있다. 이 접촉은 정신의 개인적 영역의 고정점에서 이탈하는 어떤 예외적인 움직임의 결과일 수 있다. 비슷한 경우로 동성 형제자매의 근친상간은 종종 무의식적인 그림자 성질을 동화하려는 꿈꾼 이의 욕구를 가리키거나, 그것이 이미 일어나고 있음을 보여 준다.

　부정적인 측면에서 보자면, 부모가 포함된 근친상간의 주제들은 어머니나 아버지의 이미지가 좀 더 개인적인 콤플렉스 배후에 있어서 **코니웅크치오**(상반된 것들의 융합)의 성취를 방해하는 것을 암시할 수도 있다. 이 코니웅크치오는 남성적 요소와 여성적 요소가 균형을 이룬 한 쌍이며, 종종 성적인 이미지로 표현된다. 예를 들면, 여성과 여러 부분의 관계에서 어려움을 경험하고 있는 남성이 있었다. 그는 냉랭하고 통제적인 아내와 이혼한 이후에 꿈을 꾸었다. 그는 쉰 살 즈음이 되는 어머니를 만났다(그는 당시 50대 중반이었다). 그는 어머니를 껴안았는데, 그가 그렇게 했을 때 어머니의 음부가 성적 에너지로 진동하는 것을 느꼈다. 꿈에서 그는 이런 일에 전혀 신경 쓰지 않았지만, 꿈을 깨고 나서는 혼란에 빠졌다.

　이 꿈은 그가 여성들과 맺는 관계에 어떤 근친상간적 요소가 있다는 것을 알아채도록 도움을 주었다. 덧붙이자면, 그것은 그의 정신 속에서 마돈나(the Madonna, 성모)와 창녀의 분열이 있다는 것을 깨닫는 데 도움이 되었다.[3] 이는 부분적으로 그가 성과 무관하게

---

3) (역자 주) 아니마의 긍정과 부정의 두 극은 성녀와 창녀로 이미지화되며, 두 극이 코니웅크치오를 해야 정신적으로 건강하며 창조적인 남성이 된다.

생각했던 그의 어머니를 과도하게 이상화하는 것에 토대를 둔 것이다.

애도

애도 과정은 꿈에서 자연스럽게 나타나는 것으로 보인다. 사연이 복잡하지 않은 사별의 경우에, 사랑했던 죽은 이가 꿈에서 마치 살아 있는 것처럼 나타날 수 있다. 사망 이후 보통 6~8개월 이내에 애도 과정은 건강한 결말을 지어 가면서 꿈의 빈도가 점차로 줄어든다. 대신 죽은 이들의 상징적 내용은 종종 증가한다. 오랜 기간 지속되는 병리적인 애도의 경우에, 남은 사람은 사랑하는 이의 죽음을 받아들이지 못하며 꿈의 이미지들은 종종 죽은 이가 부정적인 상황에서 보이거나 죽은 이가 꿈속 자아를 버리고 떠나는 듯하다.

한 여성의 꿈을 살펴보자. 이 여성은 심각한 아버지 문제를 가지고 있었는데, 남편이 자살한 뒤에 오랜 시간 동안 힘든 애도 과정을 겪고 있었다. 남편만이 정서적으로 가깝게 느끼고 있었던 유일한 사람이었다. 그녀는 여러 꿈을 꾸었다. 남편이 실제로 죽는 꿈이 있었으며, 남편을 따라서 죽지 않으려 애를 쓰는 꿈을 꾸기도 했고, 죽은 뒤에 남편 곁에 묻힐 장소가 없는 꿈 장면이 나왔다. 이 꿈들 가운데 가장 마지막 꿈은 남편이 죽은 뒤 여러 해가 지났는데도 꿈에 나왔으며, 심지어 그녀가 재혼을 한 뒤에도 나타났다. 그런데 재혼은 그다지 성공적이지 못했다.

꿈속에서 그녀는 죽은 남편과 이혼을 했고 그 남편은 다른 아내를 얻었다. 꿈속 자아는 아이를 하나 원했으나, 남편은 정관 수술을 했다(하지만 실제로는 그런 수술을 한 적이 없다). 그 남편은 정관 수술을 원상태로 돌리려고 했으나, 두 부부는 그것을 어떻게든 다시 했다. 그러자 꿈속 자아는 정관 수술을 하려 했지만, 외과 의사가 그녀는 고환이 없다고 말했다. 그녀와 남편은 그들이 있던 해변이 자신들이 신혼여행 때 머물렀던 곳보다 매력적이지 못하다고 생각했다. 2층 높이나 되는 커다란 파도가 다가오는데 그 안에 '여성의 몸속' 같은 '어떤 붉은 피부를 가진 무언가'가 있었다. 이로 인해 꿈속 자아는 그런 바다 생물에 대해 오래전에 꾼 꿈을 떠올렸다.

이 꿈은 결혼에 집착하는 것이 비현실적이며 심지어는 위험하다는 것을 가리키는 몇 가지 주제가 포함되어 있다. 남편이 이혼하고 나서 재혼하고, 아이(둘 사이의 새로운 발달)를 가질 수 없고, 위협적인 파도(무의식적 내용물들) 등이 있다.

집

집은 정신의 상징으로 꿈에 흔히 나타난다. 대부분의 경우 집에 미지의 방이 있는 것은 내담자의 잠재적 자아 구조에서 감춰지거나 아직 탐색되지 않은 지역을 가리킨다. 지하 저장고, 다락방, 지붕, 발코니, 침실 등과 같이 집을 이루는 부분들 사이의 구분은 상징적으로 중요할 수도 있다. 예컨대, 부엌(식당)은 식재료를 요리해서 변형시키는 장소다. 꿈에서 부엌은 종종 연금술 실험실과 같은 특성을 가지는데, 이는 좀 더 심오한 변형의 장소다. 꿈에서 욕실은 '제거' 또는 '놓아 버리는' 것의 어려움을 가리킬 수 있다. 때때로 과거부터 계속 살았던 집을 배경으로 나타나는 꿈의 행동에 대한 단순한 장면은 연관된 콤플렉스의 기원에 대해서 추리할 수 있게 해준다.

집 자체는 자아 구조의 다양한 부분을 설명해 준다. 다음의 꿈은 극단적이고 신경증적인 자기비판이 사라지면서 자유의 느낌을 경험하기 시작한 어떤 남성이 꾼 것이다.

> 나는 집을 찾고 있었다. 장면은 광활한 지평선과 드넓은 하늘이 있는 서부 텍사스 같았다. 아름다운 날이다. 수천 평의 땅 위에 지어진 어떤 집으로 걸어 올라갔다. 그것은 수영장을 갖추었고, 지은 지 좀 된 것 같지만 편안한 집이었다. 나는 집을 바라보며 주변을 걷고 있었다.

이 꿈을 이야기하던 바로 그 분석 시간에 그는 자신의 일상생활에서 어떤 변화된 감정을 설명했다. 그 변화가 꿈과 저절로 연관되지는 않았으나, 동일한 감정적 색조를 풍부하게 가지고 있었다. 이는 꿈속에 반영된 것처럼 자아의 암묵적 구조가 그의 일상생활에서 좀 더 편안한 어떤 정서적 상태로 경험되었음을 암시한다. 그는 자신을 이렇게 묘사한다. 이제 자신은 좀 더 안정되고, 거칠고 공격적인 섹스를 덜 하게 되었으며, 집사람을 그렇게 싫어하지도 않는다. 또한 내가 원하는 것이 아니라 타인이 원한다고 내가 지레짐작

하는 생각을 좇아서 행동하는 일도 그렇게 많지 않다. 그는 타인과
의 관계에서도 어떤 변화를 느꼈다. 왜냐하면 '나는 더 이상 무언가
를 증명하지 않아도 되기' 때문이다.

자동차

　자동차와 기타 이동 형태는 자아 구조나 자아가 삶의 다양한 활
동을 통해 움직이는 방식을 가리키는 것으로 보이는 또 다른 이미
지들이다. 걷는 것과 자동차를 타는 것 사이의 차이점은 한 가지 의
미 있는 변화다. 이는 자기 소유의 차와 버스의 집단성 사이의 구
별과 같다. 자동차나 버스에 비해서 기차는 고정된 선로 위에서 달
리며, 자유의지대로 움직일 수 있는 선택의 폭이 적은 편이다. 그
러므로 기차는 강박적이거나 습관적인 행위와 연관되는 경향이 있
다. 자동차와 밀접하게 관련된 것들은 도로와 고속도로다. 그런데
도로나 고속도로의 크기를 구별하는 데 주목해야 하며, 꿈속 자아
가 교통 흐름을 따라 이동하는지 아니면 거스르거나 가로 질러 움
직이고 있는지를 파악해야 한다. 또한 가고 싶은 길로 나가는 입구
를 찾는 데 어려움을 겪고 있는지도 중요하다. 비단 입구뿐 아니라
길에서 볼 수 있는 곡선, 시궁창, 움푹 파인 곳 등도 눈여겨보아야
한다.

　꿈속 상징의 맥락적 본성이 이동이라는 주제에 대한 이 모든 변
형보다 더 분명하게 드러난 곳은 어디에도 없다. 자동차는 심지어

자부심을 설명할 수도 있다(광고주들은 이를 간과하지 않는다). 예를 들어, 어떤 젊은 여성이 이런 꿈을 꾸었다.

> 지하 주차장을 운전하는 동안 나는 어떤 차를 들이받았다. 그런 뒤에 나는 밖으로 나가서 정말로 작은 차를 샀다. 그러자 나는 내 오래된 차를 포기하고 싶지 않다는 것을 깨달았다.

꿈을 논의하면서 그녀는 이 이미지를 별로 효과적이지 않은 방식으로 스트레스를 처리해 왔던 습관과 연결시켰다. 그녀는 자신이 실수를 했다고 느낄 때면 '도망치거나 백지로 돌리고' 싶어 했다. 그녀는 인정하며 말했다. "저는 너무 제 자신을 받아들이지 않아요." 꿈은 실수와 사고를 저지르는 자신을 거부할 필요가 없다는 것을 깨달을 기회를 주는 것처럼 보인다.

꿈속 자동차의 주요한 상징적 의미는 자동차가 꿈꾼 이의 것인가(혹은 과거에 소유한 것인가), 아니면 다른 사람의 소유인가 여부에 크게 달려 있다. 유사한 중요성이 자동차 안에 있는 꿈속 자아의 위치에도 결부되어 있다. 가장 알맞은 위치는 일반적으로 운전자 좌석일 것이다. 그곳에서 움직이는 경로와 속도 및 방향 등을 결정할 수 있다. 만일 꿈속 자아가 운전하는 위치에 있지 않다면, 누가 대신 차를 움직이는지 주목하는 것이 중요하다(때때로 아무도 없는 경우도 있다). 꿈속 자아는 어디에 앉았는가? 운전하는 사람 뒤에? 앞좌석이지만 조수석에 있는가? 아니면 또 어디에 있는가? 다른 사람의 사이에 있는가? 차 밖에 있는가? 꿈을 만드는 진아가 꿈의 시작

장면에서 꿈속 자아를 어떤 특별한 자리에 두는지 기억하면, 자동
차 속에 첫 좌석 배치와 같은 그러한 단순한 사실에서도 많은 정보
를 얻을 수 있다.

　이처럼 꿈에 나오는 분명히 덜 중요한 세부사항이 지닌 상징적
중요성에 지나치게 집중하기는 어렵다. 내담자들은 그러한 세부사
항에 대해 자발적으로 말하지 않는 편이다. 꿈속 자아에게 실제로
나타났던 대로 꿈을 묘사하기보다는 그것이 어떻게 '보여야 하는
가'에 꿈의 기억을 맞추는 것이다.

　신중한 탐색은 항상 중요하지만, 거기에 '있었을지도 모르는' 것
에 대해서 내담자가 꿈의 세부사항을 채우도록 하는 일이 없어야
한다. 이는 실험 보고서에 사실 내용을 적지 않고 '일어나야 할지도
모르는' 것을 채워 넣는 것과 같다. 꿈은 깨어 있는 자아와 관련될
때 너무 독특하고 개별적이기 때문에 어떤 특별한 주제에 관한 자
료는 아무 것도 없다는 것을 확실히 아는 것이 더 낫다. 흔히 꿈속의
이미지가 깨어 있을 때의 꿈꾼 이의 자아가 추측한 내용들로 채워
넣는 일종의 삽입 구절이 될 때, 일반적으로 그것이 꿈에서 유래한
참된 이미지를 담고 있다고 생각하지만 이는 별로 좋은 생각이 아
니다. 탐색 중에 그러한 '있을 법한' 세부사항을 덧붙이는 내담자들
은 분석에 도움이 되려고 애쓰는 것이기는 하지만, 꿈이 가진 아주
정교한 특수성의 진가를 알아보지 못하는 것이다.

술과 약

꿈에서 술과 약을 사용하는 이미지들은 깨어 있을 때 그것을 사용하여 생겨난 문제가 있을 때 특별히 나타난다. 약물 중독은 심리학적 방법으로 다루기 어려운 것으로 악명이 높다. 그래서 통상 집단의 압력이나 도움과 같은 좀 더 '원시적인' 기법이 필요하다. 그러한 접근은 중독에 관해서는 종종 성공적이다. 그러나 마치 모든 문제가 술과 약을 삼가면 해결될 것처럼 생각하지만, 안타깝게도 이런 생각은 심리적 과정에 대한 좀 더 정교한 이해를 방해한다. 그러나 꿈을 세심하게 살필 때, 깨어 있는 자아가 어떤 단계를 밟기 전에 간혹 무의식이 중독의 패턴에 모종의 변화를 준비하는 것을 볼 수도 있다. 무언가를 암시한다든지 돕거나 종용하기도 하면서 말이다.

수년 동안 술을 입에 대지 않았던 어떤 남성이 있었다. 그는 친구와 이따금씩 '해롭지 않을' 만큼만 와인 한 잔 정도는 허용하기로 결심했다. 두어 번 그런 시간을 가졌는데 그가 꾼 꿈은 확실히 이런 결심을 탐탁하게 여기지 않았다. 그가 자신에게 처방되지 않은 진통제를 복용하려고 하자 꿈은 이를 못마땅하게 보는 것 같았기 때문이다. 또 다른 한 남성은 음주가 자신도 모르는 사이에 천천히 늘어나면서, 알코올 중독의 가능성에 직면하기로 결심하기 전까지 거의 일 년 내내 꿈을 꾸었다. 음주와 연관되어 자기 자동차를 잃어버리는 주제였다. 시간이 흘러도 알코올 문제는 해결되지 않았는

데, 이때 그는 자기 손가락에 낀 결혼반지가 반으로 쭈그러드는 꿈을 꾸었다. 그는 이 꿈이 '나는 그런 사람이 되어서는 안 된다'는 것을 그에게 보여 주는 것이라고 해석했다. 같은 일련의 꿈에서, 어떤 흑인 여성이 냉장 보관이 필요 없는 분홍색 우유를 6달러 85센트에 팔기 위해서 성적으로 그에게 접근하여 잘 보이려 했다. 그는 이 금액을 연상하면서, 이는 여러 잔의 버번위스키를 가리키는 것으로 해석했다. 꿈속의 그 여성은 그에게 아무런 관심이 없었고, 확실히 비싼 우유를 파는 데만 관심이 있었다.

술을 끊으려고 과감한 시도를 하고 있는 한 여성은 같은 날 꾼 두 가지 꿈을 이야기했다. 그녀는 이 꿈들에 대해 술을 마시지 않으려고 싸우고 있는 그녀의 노력을 연상했다. 첫 번째 꿈에서, 그녀는 자기 지갑(여성의 정체성)을 물속(무의식)에 빠트려서 잃어버렸다. 하지만 그것을 찾았고 물에 젖었을 뿐 아무렇지도 않았다. '물에 젖은' 그녀는 알코올로 인해 '바싹 마르는 것'[4]과 관련되었다. 두 번째 꿈에서, 그녀는 교외에서 길을 잃었지만 집으로 가는 길을 찾을 수 있다는 것을 알았다. 이는 다시금 좋은 예후다. 술을 마시지 않겠다는 그녀의 결심이 결국 성공적인 결과를 가져올 것이라는 신호이기 때문이다.

한 가지 매우 인상적인 사례가 있다. 30대 중반의 어떤 남성이었는데, 그는 마리화나를 지나치게 남용해서 판단력이 흐려졌고 이

---

4) (역자 주) dry out은 문자 그대로 '말리다'는 뜻이지만, '술을 끊다', '알코올 중독을 치료하다' 등의 뜻을 가지고 있다. 저자는 이 말의 함축적인 뜻을 사용했다.

로 인해 결혼생활이 망가지고 있었다. 꿈 분석을 하자마자 곧 일
련의 꿈을 꾸었다. 꿈에서 군중이 큰 간판을 들고, 심지어 광고판
까지 들고 이렇게 선포하고 있었다. **마리화나를 피우지 말라**(DON'T
SMOKE DOPE).

죽음

꿈속의 죽음은 살인과 친한 사람의 상실을 포함해서, 문맥 속에
서 신중하게 고려되어야 한다. 꿈속 인물의 죽음이 실제의 죽음을
가리키는 경우가 드물기 때문이다. 오히려 그것은 심오한 원형적
변형 과정을 가리킨다.

잘 알려진 오이디푸스 문제로 씨름을 하고 있는 한 남성이 있었
다. 그는 편안한 마음으로 연애를 할 수 없었다. 하지만 이 남성은
자기 사업과 관련한 문제에서는 책임감과 과단성을 발휘하는 데
아무런 어려움도 겪지 않았다. 그는 분석을 받고 호전되기 시작했
기 때문에 자기 동생과 함께 두 명의 여성 파트너와 데이트를 하는
만남에서 특별히 자신감이 있었다. 동생은 자기 애인과 침대로 갔
다. 그런데 형인 이 내담자는 그렇게 해야 하는 상황에 압박을 느끼
고 있었고, 실제로는 이 여성과 섹스를 하고 싶지 않았다. 결국 그
는 그녀에게 솔직하게 자신의 감정을 말할 수 있었다. 이는 남성들
은 항상 성적으로 공격적이라는 사회 집단이 지닌 '마초'적 믿음으
로부터 독립을 선언했다는 의미에서 그에게는 하나의 승리였다.

그에게 이 믿음은 실제가 아니라 공상 속에서 더 신봉해 왔던 이른 바 집단적 규범이었다.

그는 강박적인 오이디푸스의 역할에서 자유로운 느낌을 경험했기 때문에, 자기 부친을 살해하는 두 번의 꿈을 꾸게 되었다. 물론 부친 살해와 모친 살해는 정말로 몸서리쳐지는 범죄다. 하지만 정신의 역동적 과정 중에 생겨난 꿈들의 맥락에서 그것은 이 경우에서 볼 수 있듯이, 내적인 아버지 이미지에 대한 하나의 변화를 상징할 수도 있다. 첫 번째 꿈은 꿈속에서 '살해'의 이미지가 어떻게 변형된 상태로 재현될 수 있는지를 아주 극적으로 보여 주고 있다.

나는 나를 위협하고 있었던 아버지를 죽였다. 나는 아버지가 익사할 때까지 물속에 담가 두었다. 나중에 꿈에서 아버지는 여전히 그곳에 있었으나, 더 이상은 나를 위협하지 않았다. 그런 다음 아버지는 나를 도와주는 몸가짐을 보이면서 나와 함께 갔다.

꿈속의 인물은 그의 실제 아버지처럼 보이지 않았다. 이는 그 정체가 어떤 개인적 콤플렉스의 인격화라는 하나의 단서다. 연상을 통해서, 그는 자신의 아버지를 '감정이 없고 완고하게 마음이 닫혀 있으나 차분한' 남성으로 묘사했다. 두 번째 꿈에서 그는 자기 어머니를 살해했으나 꿈을 깨고 나서 자세한 내용은 아무것도 '기억하지 못했다'.

일반적으로 꿈속 아버지 이미지의 죽음은 확고한 개인적 관점의 견지를 철저하게 방해하는 콤플렉스들의 오이디푸스 구조에 생긴 본질적인 변화를 가리킨다. 꿈속 자아 자체가 '살해' 행위를 할 때, 그것은 꿈꾼 이가 그 나름의 방법대로 능동적으로 관여된 정도를 보여 줄 수도 있다.

뱀

꿈속에서 뱀은 단일한 형태의 이미지를 함축하고 있는 야생적인 원형적 의미를 예시하면서 여러 형태로 나타난다. 물론 뱀은 어떤 남근적 의미(문자 그대로 남성 성기와 연관되어 있는 의미)[5]를 가지고 있을 수 있지만, 그것은 상징적 가능성의 한 부분에 불과하다. 융은 뱀이 가끔 자율신경계를 나타내는 것일 수 있다고 생각했다. 이는 인간 뇌간(腦幹)의 핵심을 '파충류의 뇌'로 보는 최근의 뇌 연구, 곧 좀 더 정교한 포유류의 뇌와 인간에게서 특별하게 확장된 대뇌피질 등과 비교하면 흥미로운 관점이다.

뱀은 종종 단순히 본능적인 에너지를 나타내는 것 같다. 특히 이전에 언급했던 어떤 대학 캠퍼스에 나 있는 인도를 걸을 때 거기에 똬리를 틀고 있었으나 위험하지는 않았던 뱀이 나오는 꿈에서처럼 많은 수가 있을 때가 그렇다. 큰 뱀은 지혜와 치유에 연관될 수도 있다. 의사의 상징인 아스클레피우스 신이 지닌 지팡이 위에 있

---

5) (역자 주) '남근'은 상징적 성기를 가리키고, 남성 성기는 구체적 현실의 남성 생식기를 가리킨다.

는 문양, 독과 위험, (뱀을 다루는 어떤 의식에서처럼) 자기 입증, 심지
어는 어떤 더 높은 가치 등과 연관될 수 있다. 『구약성서』에서처럼,
황야에서 사람들이 올려다보았던 놋쇠로 만든 큰 뱀은 그리스도의
예시로 간주되었다.[6]

　이러한 중층적인 의미들은 원형적 이미지의 풍부하고 다면적인
특성을 보여 준다. 하지만 구체적인 상황에서는 내담자만의 연상
을 통해서 좀 더 독특하고 개인적인 의미를 발견하는 것이 중요하
다. 이렇게 해야 여러 의미 가운데 오직 한 가지의 의미만을 제멋대
로 읽어 내는 원형적 환원주의를 피할 수 있다. 또한 너무 많은 의
미를 읽어서 생기는 오류도 피할 수 있다.

　예를 들어, 어떤 사제가 꿈을 꾸었다. 그는 박물관에 가서 독특
하게 생긴 설치 시설에 가득 채워져 있는 뱀을 보았다. 이후 그 장
면은 변했고, 그는 방울뱀이 자신을 물지 못하도록 머리 뒤로 그 큰
놈을 잡고 있었다. 그러나 그 뱀이 빙글빙글 돌며 그를 위협하자,
그는 그 놈을 놓아주었는데, 이는 그 상황을 실제적으로 더 큰 위험
에 빠트리는 공황 상태로 만들었다. 이 두 장면은 이미 큰 뱀으로
상징되는 것들과 어떤 상징을 암시하고 있다. 왜냐하면 두 장면은
같은 내용을 보여 주기 때문이다. 하나는 꿈속 자아에서 안전한 거
리에 떨어져 있었고(박물관 설치 시설물 안에 가득 채워 넣어져 있는 뱀

---

6) (역자 주) 모세가 광야에서 세운 놋쇠로 만든 뱀의 상(像)인데, 뱀에 물린 사람들이 이
　뱀 상을 쳐다보고 치유되었다(『성서』,「민수기」, 21장, 8-9절). 후일 이 뱀은 우상숭배
　로 간주되어 파괴되었으나,「요한복음」에서는 놋쇠로 된 이 뱀을 십자가에 달린 그리
　스도의 원형적 상징으로 보았다.

들), 다른 하나는 더 가까이 훨씬 더 위협적인 거리에 있었다. 그는 실제로 꿈속에서 살아 있는 뱀을 쥐고 있었다. 그는 여덟 살 때 독이 없는 돼지코뱀을 '애완동물'로 기른 적이 있었다는 연상을 했다. 이로 인해 자위행위에 대한 연상으로 이어졌다. 이 경우 큰 뱀이 남근적 의미를 갖는 것은 매우 적절해 보이며, 그 사제가 성욕에 대한 강한 양가감정을 가지고 있음을 암시하고 있다.

또한 이 사제는 모래놀이치료 작업을 했을 때 고무로 만든 뱀이 든 상자를 다루는 일에 곤란을 겪었다. 그는 사제가 되기를 원한다는 말을 누군가에게 말하는 것이 허락되기 전에 두 달 동안 자위행위를 삼가야 했으며, 수도원에서 하는 중요한 시험을 보기 전에 일 년을 꼬박 절제해야 했다는 것을 기억했다. 그는 자신의 스승이 자위행위를 절제하는 것을 '천사의 미덕'이라고 말한 것을 상기했다. 한번은 그가 수사 수련 감독관에게 두렵고 떨리는 마음으로, 자신이 샤워를 하면서 자위행위를 했다고 말한 적이 있었다. 그러자 감독관은 무심하게 말했다. "잊거라."

여기서 뱀은 상당 부분 내면적으로 만들어졌던 아주 중요한 앞선 갈등들을 불러낸 것으로 볼 수 있다. 분석에서 꿈은 길게 분석되지는 않았으나, 그가 지속적으로 가지고 있었던 성적 갈등을 논의하는 하나의 출발점 역할을 했다.

08
꿈의 틀

많은 꿈에서 꿈의 틀은 문제가 되지 않는다. 보통 꿈은 분명히 경험의 한 가지 유형이자, 깨어 있는 일상생활의 또 다른 유형이다. 그래서 꿈은 기억되고 분석될 뿐이며, 현재 가지고 있는 깨어 있을 때의 태도에 대한 무의식에서 온 어떤 보상으로써 깨어 있는 때의 맥락으로 표현될 따름이다. 하지만 가끔씩 꿈 자체는 그 이해를 위해 올바른 구조에 대한 문제를 야기한다. 이는 두 가지 사례에서 나타난다. 첫째, 꿈 안에 꿈이 있거나, 둘째, 현실에 있는 사물을 '정확히' 꿈꾸는 경우다. 문제는 또한 꿈에서 시간과 공간을 가리키는 경우와 동시성적 현상 등으로 인해서 생겨난다.

꿈속의 꿈

꿈속의 꿈에서는 꿈을 꾸고 있는 것을 꿈꾸기 때문에, 어떤 '깨어 있음'이 꿈 안에서 일어날 수 있다. 내가 경험한 아주 복잡한 사례가 있었다. 이것은 꿈속 자아(①)가 '깨어 있는 상태'로, '깨어나서' 여전히 꿈속에 있다는 것을 알게 되는(꿈속 자아 ②) 꿈이며, 그 꿈에서 또 다른 '깨어 있는 상태'(꿈속 자아 ③)로 들어가고 거기에서 실제로 깨어 있는 일상으로 깨어난 것이다.

꿈속의 꿈은 평소보다 훨씬 더 복잡한 암묵적 자아 구조의 변화를 보여 준다. 잠자며 꿈꾸는 상태 속에 있는 각 '깨어 있는 자아'는 꿈속 자아와 깨어 있는 자아 사이에 직접적인 관계를 완전히 받아들이는 것 없이 꿈꾼 이에 의해 실행될 수 있는 하나의 통합을 보여 주는 것 같다. 그것은 가면 위의 가면과 같아서, 첫 번째 베일에 가려진 것은 진정한 자아를 드러내지 않는다. 기존 프로이트 학파의 이론은 꿈이 위장에 불과하다고 생각했기 때문에, 꿈속의 꿈은 어떤 숨겨진 '잠재적' 꿈의 위장되지 않는 변형이라고 논리적으로 생각될 수 있었다. 그러한 해석은 문법구조의 규칙을 따라야 할 것이다. 즉, 이중 부정의 진술은 긍정적인 진술이 되는 것과 같다. 꿈속의 꿈을 다루는 융 학파의 공식과 어떤 유사점도 없지만, 꿈속의 그러한 전환은 다양한 자아 조직의 움직임으로 볼 수 있을 것이다. 복잡한 꿈의 구조는 그 움직임들이 부분적 통합일 뿐이라는 것을 보여 주지만, 그 움직임 중 어떤 것들은 완전히 깨어 있는 의식의 상태라고 주장한다.

　어느 정도 꿈속의 꿈은 단일한 꿈속의 한 장면에서 다른 장면으로 자주 전환되는 좀 더 복잡한 형태다. 꿈속의 꿈에서 그것은 마치 연기가 하나의 전체적인 '무대'에서 다른 무대로 전환하는 것과 같아서, 첫 번째 꿈은 다른 꿈의 더 큰 무대 안에 포함된 더 작은 무대에서 생겨난 것처럼 보인다. 하지만 보통 꿈의 현상학에서 장면의 변화는 같은 '장면'에서 생겨난다.

　이런 복잡한 꿈 구조의 해석은 주의 깊게 착수되어야 하며, 정해진 접근법이 항상 올바르지는 않다. 이러한 꿈은 좀처럼 진정한 가치를 알아보기 어려운 어떤 진실을 예증하는 경향이 있다. 그 미세한 구조에서 개성화 과정은 '새로운 세계'의 창조와 닮았으며, 기존의 낡은 세계 속에서 일어나는 자아 변형이 아니다. 변하는 것은 자아뿐만이 아니라, 중요한 다른 사람들의 역할을 포함해서 '세계'의 전체 구조가 변형된다. 배우자 중 한 사람이 분석을 시작할 때면 다른 배우자가 앞으로 둘 사이의 관계가 끝장날 것이라고 자주 두려워하는 이유가 여기에 있다. 아마도 한 사람에게 움직임이 있고 다른 사람은 없다면 관계가 끝날 수도 있을 것이다. 혹은 분석 중에 있는 한 사람이 실수로 낡은 세계와 배우자를 동일시해도 그렇게 될 것이다. 이런 동일시는 심리학적으로 본다면 이전의 낡은 세계가 포함되고 상대화되어 있는 더 큰 세계를 출현시키는 일보다는 훨씬 더 단순한 해결 방식일 수 있지만, 보통은 별로 가치가 없는 해결 방식이다.

있는 그대로의 실재에 대한 꿈

꿈의 틀은 또한 '정확히 있는 그대로'의 실재를 꿈꿀 때 의문의
여지가 있다. 만일 꿈이 실제로 일어난 심적 외상 상황에 대한 것이
라면, 물론 (꿈속에서) 이를 정확히 복제하는 것은 본래의 심적 외상
사건에서 자아를 압도했던 것을 완전히 통제하기 위한 목적인 것
으로 보인다. 하지만 있는 그대로의 실재에 대한 보통의 꿈은 심적
외상의 사건들과 연관되어 일어나지 않기 때문에, 좀 더 다른 합리
적인 근거가 필요하다.

종종 꿈의 내용을 서술하는 것은 잘못을 저지르기 쉽지만, 주의
깊게 잘 탐색하면 꿈꾼 이의 깨어 있는 일상생활의 실상과 상당히
다른 상징적 요소가 있다. '꿈'이란 실제로 꿈이 아닐 수도 있다. 왜
냐하면 잠자는 동안에도 의식의 수준들이 존재하기 때문이다. 잘
때 꾸는 꿈은 깨어 있을 때의 사고방식과 매우 닮았다. '생각하면서
꿈꾸는' 가운데 생겨나는 이런 종류의 움직임은 렘 수면에서 다른
상태로 전환하면서 일어난다. 뇌전도에서 세타파를 보여 주는 명
상 상태에서의 심리 작용에 대한 보고는 몽상과 유사하다. 이는 이
른바 **자각몽**에 대한 하나의 설명일 수도 있다.[1] 자각몽에서 꿈속 자

---

1) (역자 주) REM 수면 도중에 일어나는 꿈으로서, 꿈을 꾸면서 이것이 꿈이라는 것을
   깨닫거나, 애초 꿈이라고 알고 있는 꿈을 꾸거나, 인위적으로 꿈을 유발하는 것을 가
   리킨다. 이러한 현상을 좀 더 일반화하여 의식이 깨어 있는 동안 자신의 의식이 일상

아는 꿈을 꾸고 있다는 것을 알고 꿈의 내용에 대해 어느 정도 통제권을 가질 수도 있는 것으로 보인다. 나는 이런 상태를 본 적이 없었지만 이것은 설득력 있게 증명되었다.

깨어 있을 때의 상황을 정확하게 재생하며 나타나는 꿈의 상징적 의미는 무의식이 그 깨어 있는 상황을 마치 그것이 꿈인 것처럼 보려는 의도다. 그러면 깨어 있는 상황은 좀 더 상징적인 조망에서 볼 수 있을지도 모른다. 보상이라는 관점에서, 그것은 실제 상황을 일상성이 보통 환기시키는 것보다 더 넓은 맥락 속에 놓는 것을 의미한다.

시간과 공간의 기준

꿈이 어떤 행위가 과거나 미래에 일어난다는 것을 직접적으로 가리키는 경우는 흔치 않다. 꿈은 현재의 시간에서처럼 펼쳐져 있을 뿐이다. 하지만 꿈의 내용물로부터 일반적으로 꿈을 어떤 특별한 시간 속에 놓을 수 있다. 현재의 행동에 포함되어 있는 과거의 설정이나 인물은 자주 내담자의 과거 경험의 어떤 특별한 조각 부분을 살펴야 할 필요가 있음을 보여 준다. 반대로 미래의 이미지들은 또 다른 세계, 다른 차원이나 이국적인 장소에서 온 이미지로 나

적인 신체적 지각의 범위를 벗어나 있는 것을 깨닫는 상태로 정의되고 있다. 이런 측면에서 자각몽은 유체이탈, 임사체험, 가위눌림 등의 주제와 함께 연구된다.

타날 수 있을 것이다.

문화와 과학기술이 매우 발달한 외계의 다른 우주에서 온 사람들이라는 주제는 무의식(내면의 우주)에서 온 내용물의 잠재적 출현을 가리키거나, 꿈꾼 이의 미래의 자아 발달에 대한 상징이다. 융은 자신의 박사논문에서 접신(接神) 상태에서 나타나는 다양한 인물은 그 영매가 지닌 인격이 미래에 도달할 수도 있는 발달의 예시일지도 모른다고 설명했다.[2]

예를 들면, 어떤 남성은 하늘에서 일어나는 어떤 자연현상처럼 보이는 것이 실제로는 우주선이었으며, 그것이 착륙하는 꿈을 꾸었다. 꿈속 자아는 지구의 대표사절단 가운데 한 사람이었고, 우주에서 온 사람들과 함께 걸었다. 그들은 어떤 커다란 컴퓨터를 지나 걸어갔고, 꿈속 자아는 '우리 컴퓨터가 저들의 컴퓨터와 이야기를 하고 있는 중'이라는 것을 깨달았다. 전체 장면은 우호적이고 도움을 주는 것 같았다. 전후 맥락에서 이 꿈은 현재 발생하고 있는 심리학적인 재구조화가 과거를 동화하면서 생기는 것이 아니라, 미래의 가능성에 대한 내면의 압력에서 오고 있음을 암시한다.

물론 때때로 '외계'에서 온 존재나 사물들은 사악하거나 좀 더 원시적인 것으로 나타날 수도 있다. 꿈의 맥락 안에서, 그런 경우 분석가와 내담자는 고태적 충동의 잠재적 폭발을 자각하는 것이 현명할 것이다.

---

2) "On the Psychology and Pathology of So-Called Occult Phenomena," in *Psychiatric Studies*, CW 1. 깨어 있을 때와 꿈꿀 때의 '외계' 현상의 심리학적 중요성에 대한 융의 검토는 다음을 참고. "Flying Saucers: A Modern Myth," in *Civilization in Transition*, CW 10.

동시성적 현상

동시성은 하나는 내적이고 다른 하나는 외적이며, 동일한 의미를 가진 것처럼 보이는 두 개의 사건이 시간에 맞춰 일어나는 동시에 발생하는 현상을 설명하기 위해 융이 사용했던 용어다.[3] 융은 풍뎅이 꿈을 꾼 어떤 환자와 이야기를 하고 있는 바로 그때 방으로 날아 들어 온 풍뎅이 한 마리에 대한 사례를 들었다. 동시성적 현상은 텔레파시, 천리안, 염력 등과 같은 이름으로 초상심리학자들이 연구를 진행했던 사건들과 같은 범주에 들어온다.

루이자 라인[4]은 초상심리학적 사건 혹은 프시 사건들을 수집하면서, 대다수의 범주가 꿈과 관련되어 있다는 것을 발견했다. 여기에는 미래에 대한 꿈(예언적 꿈), 깨어 있을 때의 자아에 아직 알려지지 않은 정보를 포함한 꿈(천리안이나 텔레파시 꿈) 등이 있다.[5] 이

---

3) "Synchronicity: An Acausal Connecting Principle," in *The Structure and Dynamics of the Psyche*, CW 8.

4) (역자 주) 루이자 라인(Louisa Rhine, 1891~1983)은 초상심리학자 조셉 라인(J. B. Rhine, 1895~1980)의 부인이자 공동연구자다. 루이자는 초자연적 현상이나 사건, 그런 재능을 가진 사람들을 대상으로 하여 이른바 프시(psi, 초자연현상) 연구를 진행하였고, 그에 대한 방대한 기록을 남겼다. 대표작으로는 *Mind Over Matter: Psychokinesis* (1970), *Psi, What Is It: The Story of ESP and PK* (1975) 등이 있다.

5) Louisa Rhine, *Hidden Channels of the Mind* (New York: Sloan, 1961). "Psychological Processes in ESP Experiences: I. Waking Experiences; II. Dreams," *Journal of Parapsychology*, 26(1962), 88-111, 171-199.

는 광범위하게 퍼져 있는 대중적인 믿음, 즉 꿈이 미래를 예언할 수 있고, 꿈꾼 이의 깨어 있는 인격에 아직 알려지지 않은 정보를 줄 수 있다는 신념과 확실히 일관되어 있다. 꿈에서 프시 현상에 대한 가장 실험적인 증거는 『꿈 텔레파시(Dream Telepathy)』에서 울만, 크리프너, 본 등이 보고한 실험실 연구에 포함되어 있다.[6]

동시성적 꿈이나 사건들이 심리치료에서 일어날 때, 특별한 관심과 처리가 필요하다. 왜냐하면 그러한 사건들은 내담자의 마음에 분석가가 그런 일에 어느 정도 연루되어 있다는 생각을 불러일으키기 쉽기 때문이다. 이는 분석가에게 있는 영매 그림자다. 또한 분석가는 동시성적 현상의 의미에 대해 충분히 이해하고 있는 것이 중요하다. 많은 치료사와 분석가가 우발적이거나 우연한 이 같은 사건들에 대해 무지하지만, 이를 신중하게 다룬다면 큰 도움을 받을 수가 있다.

이론적인 수준에서 동시성적 꿈의 발생은 한 사람의 무의식과 다른 사람의 무의식 사이에 어떤 밀접한 관련이 있다는 증거가 된다. 또한 무의식이 의식적인 마음보다 시간과 공간에 제한을 덜 받는다는 증거가 될 수도 있다. 동시성적 꿈의 바로 그런 발생은 의식적 자아의 제한된 상태를 꿈이 보상하는 것이다. 왜냐하면 그 꿈은 꿈속 자아가 어느 정도 깨어 있는 자아의 통상적인 제약을 초월하

---

6) M. Ullman, S. Krippner and A. Vaughn, *Dream Telepathy* (New York: Macmillan, 1973). M. Ullman, "An Experimental Approach to Dreams and Telepathy," in *Archives of General Psychiatry, 13*(1966), 605–613.

고 있음을 보여 주기 때문이다. 하지만 이는 가장 기본적인 동시성에 토대를 둔 어떤 형식적인 보상이다. 즉, 그것은 꿈의 특별한 내용물들이 가진 의미를 보여 주지 못한다.

어떤 내담자들은 참으로 동시성적인 꿈을 자주 꾼다. 이 경우에 동시성 자체, 말하자면 꿈의 형식적인 보상적 측면에 너무 많이 집중하는 경향이 있다. 이런 경향은 아마도 내담자와 분석가가 함께 만든 것일 듯하다. 그러나 만일 미래를 예언하는 꿈이 있다면, 왜 그것은 또 다른 사건은 예언하지 않고 하나의 사건만을 예언하는가라고 물을 수 있다. 이런 질문에 대한 답은 종종 동시성적 보상이 미래에 대한 지식을 알려 준다면 깨어 있는 자아가 반드시 선택하지 않았을 자료를 다룬다는 것을 분명하게 해 준다.

동시성적 꿈들은 분석 과정에서 분석가나 내담자에게 더 큰 관심을 끌어낼 필요가 있을 때 일어나는 것 같다. 이 기능에서 동시성적 꿈은 전이와 역전이의 성적 매력을 부여하는 노력과 유사하다. 그것은 분석 상황에서 더 많은 에너지를 만들고, 분석이 아닌 관계에서는 드문 어떤 깊이와 복잡성으로 기능하는 상호작용의 신비로운 본성에 주의를 기울이게끔 해 준다.

내가 심리치료 훈련을 받던 초창기에 심리치료는 내게 여전히 새롭고 흥분되는 기술이었으며, 내 주의를 끌고 내가 좀 더 진지하게 그러한 프시 발생이 지닌 의미를 생각하는 데 이유가 되어 준 수많은 놀라운 동시성적 사건이 있었다. 하나의 예로, 나는 세 번째 분석 시간에 온 어떤 대학원생과 만나고 있었다. 그는 꿈 하나를 말했는데 그 꿈은 길고 복잡했다. 그 꿈은 한 경찰관이 빈 탄약통을 던져 버리고 강도에게 총을 계속 발사하기 위해 권총에다 완전히 장전된 탄창을 채워 넣은 것으로 끝을 맺었다. 바로 이때, 내 볼펜에 잉크가 다 말라서 잠깐 양해를 구하고, 다른 잉크통을 책상에서 꺼내어 펜에 넣은 다음 자리에 앉아 다시 글씨를 썼지만, 나는 내 행위와 꿈속의 행위 사이의 유사성을 깨닫지 못했다. 그러나 내담자는 이를 알아챘다! 분석 과정에 대한 그 학생의 관심은 이 이상한 동시발생 덕에 놀랍게 커졌다. 하지만 이 뒤로 또 다른 사건들은 생기지 않았다.

다른 예가 또 있다. 분석 초기에 한 대학원생이 있었다. 그 내담자는 동시성적 사건을 전혀 몰랐다. 나는 어린 시절 치과의사가 내게 해 준 말을 기억하느라고 애를 쓰고 있었다. 나는 그 의사가 설명해 준 어떤 물건의 상품 이름을 도저히 기억해 낼 수 없었다. 나는 그 활성화된 유기체가 락토바실루스 아시도필루스(lactobacillus acidophilus) 균(菌)이라는 것만을 기억할 수 있었다. 내담자와 한 아침 약속 시간에 가면서도 여전히 그 상품 이름을 기억해 내려고 엄청난 노력을 하고 있었다. 내담자가 십여 문장 정도를 연상하면서 전적으로 새로운 생각의 흐름을 시작하더니, 갑자기 내가 그렇게 애타게 기억하려고 했던 이름을 언급했다. 락티넥스 그래뉼(lactinex granules, 락티넥스 과립제). 나는 매우 놀랐지만, 그 대학원생에게 아무 말도 하지 않았다. 그에게는 도움이 되지 않을 것 같았기 때문이었다. 하지만 이 일은 내가 전에는 하지 않았던 방식으로 이 내담자를 예리하게 파악하게 해 주는 효과가 있었다.

동시성적 꿈들은 분석 중에 매우 동일한 의미를 가지고 있는 어떤 두 사람 사이에서 일어날 수 있다. 즉, 실재에 대한 지나치게 협소한 관점을 보상하거나, 그 상황에 주의와 에너지를 더해 주고, 여기에 그 꿈의 구조와 상징이 의미하는 어떠한 구체적인 의미든 모두 포함된다. 때때로 친밀하게 연루되어 있는 두 사람은 같은 분석가에게 분석 중에 있으면서, 동시성적 현상들이 출현하는 형태 가운데 하나인 '둘이 같이 꾸는 꿈'을 관찰하는 어떤 예사롭지 않은 기회를 얻기도 한다.

한 가지 사례가 있다. 같이 살기 시작한 남녀가 같은 날 밤에 몹시 유사한 주제를 가진 꿈을 꾸었다. 여성은 어떤 오래된 호텔 로비에서 자기 어머니와 함께 있는 꿈을 꾸었다. 그 호텔을 소유하고 있던 여성이 두 마리 동물과 함께 들어왔다. 독일산 셰퍼드 개와 이상한 색깔을 하고 있던 곰이었다. 그 곰은 위협적이지 않았지만, 꿈속 자아는 두려웠다. 그녀는 매니저와 공손하게 대화를 나누면서도 무서움을 나타내며 그 사이를 갈팡질팡했다. 이는 그녀의 어머니를 대할 때면 가졌던 익숙한 바로 그 느낌이었다.

그러는 동안 그녀의 남자 친구도 길고 복잡한 꿈을 꾸었는데, 부분적으로는 어떤 커다란 고급 호텔에서 일어난 꿈이었다. 한 장면에서 어떤 남성이 오토바이 뒤에 곰을 태우고 지나갔다. 꿈속 자아는 그 곰을 보고 싶었는데, 나중에 그 곰은 개를 괴롭히고 있는 것 같았다. 하지만 곧이어 아주 친절하게 변했다. 그는 그 곰의 조련사를 만났으나 그를 믿지 못했다. 다른 장면에서, 꿈꾼 이는 다양한 가족을 신경 쓰고 있었다. 여기에는 그가 감정적인 상황에 잘 대처하지 못하는 것을 아는 전처가 포함되어 있었다.

이 두 꿈은 축약된 것이고, 여기서 꿈꾼 두 사람의 심리학적 의미를 논의하려는 의도는 없다. 다만 동시성적인 병행 관계들을 말하고 싶을 뿐이다. 커다란 호텔, 진실한 감정을 표현하기 어려운 일가친척, 개와 곰 등의 관계다. 이 남녀 한 쌍은 두 개의 병행하는 꿈을 꾸었는데, 이는 상징적인 것은 아니라서 그다지 놀랍지는 않았다. 어느 날에 두 사람은 같은 날 밤에 서로 알고 있는 친구에 대한 꿈을 꾸었다. 여성은 그 친구와 전남편이 함께 방에 있는 꿈을 꾸었고, 남성은 그 남자가 시너고그(synagogue, 유대교의 예배 장소) 근처에서 걷는 것을 보는 꿈을 꾸었다.

어떤 동시성적 꿈들은 잘 모르고 지나가는 것으로 보인다. 그 꿈들은 정상적으로 해석되거나 평소와 같은 꿈으로 나타나기 때문이다. 예를 들면, 초감각지각에 대해 특별히 열린 마음을 가지고 있는 어떤 여성이 있었다. 독감 증상이 있는데도 일하러 가야 할지 심각하게 고민하고 있던 중이었다. 그녀는 폐에 문제가 생겨 죽은 남자 친구의 모습을 한 누군가가 방에 있는 것을 보고서 화들짝 깨어난 것 같다고 느꼈다. 그 친구는 생전에 입던 옷을 입고 있었다. 그는 그녀에게 폐병이 자신을 죽였듯이, 너를 죽일 수도 있는 병이 있는데도 일하러 가는 것은 바보짓이라고 말했다. 그녀는 이런 '환상'을 근거로 침대에 누워 있기로 결심했다. 이는 동시성적인 것이거나 단순한 꿈 혹은 그녀가 가진 갈등의 한 면을 극적으로 만든 선잠 속에서 느낀 환각이 아닐까? 여전히 알 방법은 없다. 그녀는 이를 죽은 남자 친구의 영혼이 방문한 것으로 보고, 그가 해 준 좋은 충고를 따라 행동했다. 언젠가 그녀는 남동생과 중요한 가족 문제를 이야기할 필요가 있었지만, 그는 정부의 비밀 요원이었기 때문에 어떻게 연락해야 할지를 몰랐다. 하지만 10분 만에 남동생이 그녀에게 전화를 걸었다.

요약하자면, 동시성적 꿈과 사건들은 잘 알아챘다면 여타의 심리드라마 자료와 같은 기반 위에서 다루어져야 한다. 하지만 왜 무의식이 어떠한 곳에 주의를 기울이도록 동시성을 이용했는지에 대해 특별한 중점을 두고서 다루어야 할 것이다. 분석가들은 동시성을 '추적'하지 않아야 하며, 또한 너무 집착할 필요도 없다. 그것이 분석의 구조를 왜곡할 수 있기 때문이다.

09
연금술의 상징

융은 16세기 유럽의 문화를 탐구하는 계기를 만들어 주었던 일련의 꿈을 살피면서, 연금술의 상징적 내용에 대해 큰 관심이 있었다. 그는 연금술 문헌들이 문자 그대로와 상징을 거의 구분하지 못하고 있는데도 불구하고, 그 속에서 현대 심층심리학의 전조를 발견했다. 연금술사들은 물질의 변형을 시도하고 있었지만, 물질에 대한 객관적인 작업과 자신들에 대한 주관적인 작업을 명료하게 구별하지 못했다. 그래서 그들은 실험실에서 일어나고 있는 신비한 화학적 과정에 개인적인 변형의 환상을 투사하는 경향이 있었다.

하지만 후기의 일부 연금술사들은 자신들의 기술이 개인적 변형에 주로 관련되어 있다는 것을 알았던 것 같다. 말하자면 금속에 불과한 황금을 찾는 것이 아니라 내면의 '황금'을 찾는 일이었다. 그래서 그들은 내적 이미지와 실제의 물질을 구별하기 위해, '우리의 황금', '현자의 물', '금강(金剛)의 신체', '얻기 어려운 보물' 등과 같은 용어를 사용했다. 융은 연금술이 세상에서 오해되고 화학의 역사에서 단지 하나의 주석에 불과한 채로 내버려졌기 때문에, 심층심리학은 역사적으로 선구(先驅)가 되는 어떤 체계도 갖지 못하게 된 것 같다고 결론 내렸다.

연금술의 과정은 많지만, 문헌에 서술되었듯이 결코 숫자나 배열상에 표준이 없고 도식으로 보았을 때 각 과정이 더 작은 읍면과 마을로 둘러싸인 다양한 도시가 담긴 복잡한 도로지도 같이 훨씬 작은 이미지와 작업들의 어떤 '흐릿한 그늘'을 가지고 있다.[1] 일반적으로 말하는 실행원리는 영어식으로 표현해서 솔루치오(Solutio, 용해), 코아굴라치오(Coagulatio, 응고), 수블리마치오(Sublimatio, 상승), 칼시나치오(Calcinatio, 연소), 부패(Putrefaction), 모르티피카치오(Mortificatio, 죽음), 코니웅크치오(Coniunctio, 융합)의 일곱 가지가 있다.[2]

---

1) 연금술의 절차와 그 심리학적 비유에 대한 탁월한 해설은 에드워드 에딩어의 글에서 볼 수 있다. Edward Edinger, "Psychotherapy and Alchemy," in *Quadrant* (Journal of the New York C. G. Jung Foundation), 11–15 (Spring 1978 to Spring 1982). 연금술의 상징과 그 심리학적 함의에 대한 또 다른 유용한 연구로는 마리-루이제 폰 프란츠의 다음 저술이 있다. Marie-Louise von Franz, *Alchemy: An Introduction to the Symbolism and the Psychology* (Toronto: Inner City Books, 1980). '코니웅크치오(융합)' 이미지에 관해서는 내 글. "Enantiodromia and the Unification of Opposites," in *The Arms of the Windmill: Essays in Analytic Psychology in Honor of Werner H. Engel*, ed. Joan Carson (New York: privately printed, 1983)을 참고.

이 화학적 실행 각각에 대해 심리학적인 병행 관계가 존재한다. 예컨대, 칼시나치오(연소)는 물체의 수분을 빼내 바싹 말리기 위해 열을 가해서 화학적 변화를 만드는 것이다. 심리학적으로 이는 무의식, 즉 '물에 흠뻑 젖은' 콤플렉스를 완전히 말리는 것과 관련된다. 물체를 솔루치오(용해)하는 것은 화학적으로 녹이는 것으로, 이는 의식의 내용물이 무의식에 '녹아들게' 하는 심리학적 과정과 유사하다. 반대의 과정인 코니굴라치오(응고)는 화학적으로 용해에서 생겨난 물체를 침전하는 것과 같으며, 심리학적으로 무의식의 모체에서 생겨난 어떤 새로운 콤플렉스가 형성된 것 같다. 연금술의 유명한 격언인 '솔베 에트 코아굴라'[3]라는 것은 마음 속에 있는 딱딱한 '물체'(예컨대, 명백히 해결되지 않은 갈등)는 '용해'가 필요한 또 다른 '물체'로 대치됨으로써만 실제로 해결될 수 있음을 깨닫는 반복되는 심리학적 과정을 암시한다.

꿈에 나타난 연금술의 주제

확실히 연금술의 상징 범위에 들어오는 꿈의 이미지와 주제들이 있으며, 이들 배후에 연금술의 실행 과정을 볼 수 있다. 예컨대, 아

---

2) (역자 주) 괄호 속의 라틴어는 에드워드 에딩어가 쓴 것을 기준으로 했다. 저자는 에딩어가 세파라치오(Separatio, 분리)로 나타낸 것을 부패(Putrefaction)로 대신하고 있다.

3) (역자 주) Solve et Coagula(dissolve and coagulate). 용해하고 응고시킨다. 먼저 녹이고 나서 굳게 하라.

주 본질적이거나 잠재적인 가치가 있는 물체를 대강이나마 다루고
있는 꿈들은 **프리마 마테리아**(prima materia, 원물질)라는 연금술 이
미지를 암시한다. 말하자면, 평범하기에 저급하고 흔하기에 명백
히 가치가 거의 없는 물체가 연금술의 실행들을 통하면, 최상의 가
치를 가진 것이 될 수 있다. 이는 철학자의 돌, 현자의 불사약, 아쿠
아 비타에(aqua vitae, 생명의 물), 만병통치약 등으로 다양하게 불린
다. 꿈에서 보자면, 시냇물 속 자갈들 사이에 섞여 있거나 슈퍼마켓
주차장의 먼지 속에서 흩어져 있다가 발견된 주조된 금화가 나오
는 꿈의 이미지는 **프리마 마테리아** 이미지의 예다.

    칼시나치오(연소) 과정은 불 속에서도 해를 입지 않고 존재하고
있는 형상으로 나타날 수 있다. 그 형상은 인간일 수도 동물일 수
도 있으며, 아주 드물게 **프리마 마테리아**의 또 다른 연금술 이미지
인 불 속에 사는 살라맨더(salamander, 불도마뱀)로 나타난다. 형상
들이 불 속에 있을 때(한 꿈에서는 화염 속에서 카드놀이를 하고 있다.)
그것은 불(정서적 열기)에 의한 변형이 필요하지만, 꿈속 자아의 관
점에서 보자면 알맞지 않은 것일 수도 있고, 깨어 있는 자아에게도
어쨌든 고통스럽다는 것을 암시한다. 한 남성의 꿈을 살펴보자.

    커다란 개구리 한 마리가 불 속에 있다. 그놈은 〈스타워즈〉 영화에
나오는 '요다(Yoda)'를 닮았다. 나는 그놈이 불 속에서 아주 오랫동안
살아 있는 것을 보고 놀랐다. 그놈이 나를 보았다. 결국 그놈은 쭈그러
들면서 까매졌다. 다음 장면에서(아마 같은 날 꾼 다른 꿈인 것 같다.)
나는 난로 위에 철로 만든 석쇠를 잡고 있는 한 호주 원주민의 눈을 통

해서 바라보고 있는 것 같다. 석쇠 위에는 아주 작은 호랑이와 캥거루 한 마리가 서로 싸우면서 석쇠에서 도망치려 하고 있다. 호주 원주민은 그놈들을 잡아서 다시 석쇠 위에 놓았다. 마침내 개구리처럼 그놈들도 쪼그라들어 숯이 된다.

꿈꾼 이가 한 연상은 아주 적었다. 그는 캥거루가 어미이며 낯을 가린다고 생각했고, 호랑이를 무서워하지 않는다는 것에 놀랐다. 꿈은 **칼시나치오**(연소) 경험을 순순히 받아들이는 개구리 닮은 생명체를 보여 주고, 어떤 원시적인 자아(호주 원주민)에 의해 그 긴장이 유지되어야 하는 두 마리가 서로 싸우는 상반된 것으로 이어진다. 호랑이와 캥거루가 '더 높은' 고차의 물체로 변형되는 것은 이 꿈에서 보이지 않지만, 이 남성의 다른 꿈에서 **모르티피카치오**(죽음) 이미지를 포함하면서, 변화를 위한 더 인간적인 준비로 나타났다.

나는 공사를 할 만한 장소를 살피고 있었다. 불도저가 그곳을 치우고 있었다. 커다란 건물 한 채가 사람이 없이 텅 빈 채로 있어서 허물어져 버렸다. 나는 건물 안으로 들어갔다. 사람이 없어 텅 빈 듯했으나, 건물 바로 뒤로 가자 어떤 늙은 사제가 한 명 있었다. 그 사제는 대부분이 죽게 될 말기 환자를 여러 명 돌보고 있었다. 사제는 환자들이 품위 있는 방식으로 죽을 것이라 믿고 있었다. 나는 환자들이 모두 죽을 때까지 그 건물이 아무도 손대지 않고 남겨져 있을지를 볼 예정이었다. 그런 다음 나는 새로운 공사를 할 목적으로 그 장소를 보면서 그 위를 나는 헬리콥터 안에 있었다. 나는 하늘에서 그 지역 전체를 볼 수 있었다.

그는 이 꿈을 근거로 해서 분석을 잠시 쉬었다. 그것은 책임 있는 결정인 듯했다.

커피가 커피추출기를 통해 순환해서 황금색 액체로 변하는 것은 **시르쿨라치오**(Circulatio, 순환)라는 연금술 주제를 암시한다. 이는 프리마 마테리아의 계속적인 순환이다. 꿈에서 그려지는 연금술의 실행 과정은 종종 연금술 실험실과 유사한 도구와 설정들이 있는 주방에서 일어난다.

융합: 합일의 이미지

연금술의 이미지는 상반된 것들의 합일을 뜻하는 **코니웅크치오**까지 이르는 다양한 실행을 보여 준다. 이런 이유로 꿈속의 코니웅크치오 이미지는 임상적으로 보아 다른 연금술의 실행보다 연금술 과정의 최종 목적과 더 밀접하게 관련되는 것으로 보인다.

『전이의 심리학』에 실려 있는 연금술 그림들에서 융은 **코니웅크치오**의 인간적 특성을 강조하는 이미지들을 선택한다. 즉, 왕과 왕비가 성관계를 맺으면서 문자 그대로 하나로 합쳐지지만, 그 결합은 죽은 것이고 영혼이 돌아와서 부활해야만 한다. 꿈속의 성적 이미지는 자주 **코니웅크치오**와 같은 이 연금술 실행과 부합한다. 특히 그 이미지가 근친상간적이나 미지의 꿈속 인물과 관련되었을 때 그렇다. 물론 깨어 있을 때 성적인 불만을 보상해 주는 섹스 꿈이 실제로 있을 수 있다. 이들 간의 차이는 맥락이 말해 줄 것이다.

코니웅크치오 이미지의 좀 더 미묘한 형태는 결혼 주제다. 꿈속 자아는 본인이 아니고 결혼의 관찰자에 불과할 수도 있다. 이는 합일되어야 하는 상반된 것들이 (비록 깨어 있을 때의 자아 구조 안이라고 할지라도) 꿈속 자아의 밖에 있음을 보여 준다. 실로 대부분의 사례에서 연금술적 과정과 비교되는 것을 경험하는 것은 꿈속 자아가 아니다. 오히려 그것은 평소의 정신생활에서 가치가 별로 없는 물체이거나 실제의 외부적 삶에 배어 있는 일상성 등으로 변형된 프리마 마테리아다. 한 가지 예를 들자면, 어떤 여성의 꿈속 자아는 결혼식에서 신부가 옷 입는 것을 도와주었을 뿐이다. 유일하게 예사롭지 않은 이미지는 신부의 왕관이며, 이는 정육면체 모양으로 앞뒤가 벌려져서 광택으로 덮여 있는 것이었다. 또 다른 사례에서 꿈속 자아는 결혼식의 하객이 되는 두 명의 여성을 차에 태워 운전하고 있었다. 그러는 동안에 어떤 중대한 변형이 꿈에서 더 일찍 꿈속 자아를 위협했던 이미지에서 생겨났다.

꿈속에서 동물의 짝짓기는 때때로 새끼를 낳는 것이 아니라, 짝짓기하는 형상 자체를 변하게 한다. 이는 '자연스러운' 이미지가 아니라, 어떤 본능적인 갈등을 가진 꿈꾼 이의 내적 변형을 가리키는 것이다.

꿈속에서 **코니웅크치오** 이미지의 출현을 관찰하게 되면 서로 투쟁하고 있는 두 상반된 것의 타협이 예상되는 시기에 대한 어떤 단서를 얻을 수 있다. 때때로 이는 의식적인 갈등이 완화되는 것에 반영된다. 말하자면 다른 때에는 그 결과가 의식적인 생활 수준에서 단지 우울증이나 불안이 경감되는 것에 불과할 수도 있다. 실로 많은 분석 작업이란 코니웅크치오가 안전하게 일어날 수 있는 준비가 된 어떤 안정과 신뢰가 포함된 구조를 유지하는 것이기도 하다.

　연금술의 이미지와 자연스럽게 상응하지 않은 꿈들을 억지로 끌어다 맞춰서는 안 되며, 확실한 증거가 없는 주제들을 과장되게 해석해서도 안 된다. 원형적 환원주의의 위험성이 융 학파의 꿈 분석과 상담 환경에 항상 도사리고 있다. 기억을 하고 있거나 분석을 위해 가져온 꿈보다 더 많은 꿈이 항상 있으며, 이 꿈들 또한 변화를 위해 조용히 내면에서 작용하고 있다. 분석가란 대개 산파나 촉진자라는 것을 잊어서는 결코 안 된다. 분석가는 어떤 신비스러운 과정을 바라보는 자이지만 그 과정을 만들어 내는 자는 아니다.

10
꿈과 개성화

신경증의 본성

신경증에 대한 아주 상식적인 묘사는 이렇다. 곧 정신이 하나의 통일된 전체로서 있기보다는 마치 내전이 일어난 나라처럼, 정신이 스스로에게 대항하는 것이다. 우리는 모두 어느 정도 신경증적이다. 말하자면, 좀처럼 우리 자신과 '하나'가 되지 못한다는 의미에서 그렇다. 자아와 그림자 같이 정신의 부분을 이루는 단순한 존재들은 반드시 하나가 되어서 작동하지 않을 것이라는 점을 이미 암시하고 있다. 지배적인 자아 이미지와 정신의 활동적인 다른 부분들 사이의 부조화나 갈등이 만성 신경증의 특성이다. 이는 변경하기에 가장 어려운 인간의 조건들 가운데 하나다.

꿈은 심리적으로 기능하는 모든 상태에서 보상적이다. 즉, 평소의 생활(여기서 꿈은 개성화 과정을 보상한다), 정신병(여기서 꿈은 안정된 자아를 만들려고 애쓴다), 신경증 등에서 그렇다. 그런데 신경증에 대해서 꿈은 자아가 어떤 신경증적인 샛길이나 막다른 길에서 벗어나 개성화의 본래 길로 가도록 하는 데 적극적이다. 개성화는 한 개인이 의식적이든지 무의식적이든지 관계없이 정신의 어떤 상태에서 일어난다. 그러나 자아가 의식적이고 의도적으로 정신의 움직임을 관찰하고 이를 향한 태도를 가지면서, 전체로 존재하는 정신의 진화에 책임을 가지고 참여할 때 개성화는 매우 잘 촉진된다.

참된 삶의 과제는 회피할 수 없는 일이기 때문에, 에두르거나 대체하는 식으로만 접근할 수 있다. 신경증의 증상들은 무서워서 외면하는 좀 더 직접적인 삶의 경험으로 대체되고는 한다. 정상적인 결단력이 없기 때문에 만성 불안과 같은 신경증 증상들이 생겨나고, 그래서 보통은 두렵지 않은 상황들이 두려움을 불러일으키게 된다. 이는 마치 정신이 필요한 발달이 일어날 수 있도록 모종의 과도한 상황을 만들어 내는 것 같다. 인격의 발달보다는 자기 암시로 동기 부여를 추구하는 사람은 실패에 대한 암시와 우울증이 생기는 것을 알아챌 수도 있다. 만일 내향성이 필요하지만 이를 회피한다면, 심리신체적인 증상들이 한동안 강제적으로 그 사람을 내향적이게 만들 수도 있을 것이다. 정신의 이러한 움직임들은 미묘하지만 미약하지는 않다.

신경증 환자들의 특징은 외부에서 보았을 때 상당히 정상적으로 나타나는 세계에 대한 어떤 적응에 있는 것이다. 그들은 보통 기본적인 과제를 충분히 잘 성취한다. 하지만 과도한 내적 스트레스라는 대가를 치른다. 어떤 의미에서 그것은 주위의 타인들과 일으키는 갈등으로 단순히 괴로운 것보다는 신경증적이 되기 위해서 훨씬 더 발달된 정신 구조를 필요로 한다. 신경증은 갈등을 내면화할 수 있다. 이는 복잡한 내적 정신 구조들을 만드는 것이다. 즉, 원래의 갈등에서 자아를 격리시키지만 분석적으로 관찰될 때까지는 제대로 된 의미가 아직 덜 나타난 갈등의 대체물을 만들어 내는 과정이다.

신경증적 자아는 더 진전된 개성화에 직접적으로 연루되는 것을 막아 주는 자아 이미지와 동일시되지만, 이미 아주 안정되고 충분히 잘 형성되어 있다. 이는 때때로 특히 즐거울 수 있었던 어떤 과거의 한 발달 단계를 유지하도록 해 준다. 그래서 자아는 과거 상태의 쾌락에 집착하는 것을 통해 부분적으로 고착된다. 고착은 과거의 어떤 심각한 심적 외상 때문에 일어날 수도 있으며, 자아는 심적 외상이 해소될 수 있는 상황을 재생산하거나 과거의 심적 외상을 현재에서 보상하려고 한다. 이 두 가지 경우 현재는 과거와 맺은 어떤 역동적인 관계에 의해 희생된다. 만일 이 선택들이 명료하게 의식적이라면 어떤 문제도 없을 것이다. 개인은 다만 그 실수를 알고서 신경증적인 과제를 포기하거나, 그 과제의 특별한 형태를 인정하고 잠재적인 해결에 전념할 수 있을 뿐이다. 하지만 그 선택들이 무의식적이기 때문에, 자아가 경험하는 것은 사건들에 대한 의심스럽고 비뚤어진 반복이다. 더 깊은 수준에서 그 선택은 자아가 스스로 한 것이지만, 현재의 지배적인 자아 이미지에서 분리된 것이다.

일생을 통해 진아는 자아가 실재를 대면하고 개성화 과정에 참여하라는 지속적인 압력을 행사한다. 진아는 자아의 의지가 있건 없건 상관없이 이를 계속하고 있다. 하지만 마지못해 억지로 하는 자아에 대한 보상들(악몽, 사건, 신체적 증상)은 의식적으로 개성화 과정에 참여하려고 최선을 다하고 있는 자아에 대한 무의식의 보상적인 관계보다 보통은 훨씬 더 혹독하다.

꿈이 어떻게 도울 수 있을까?

꿈을 이해하는 것은 자아에게 계속해서 일어나는 패턴들을 살피는 것이다. 종종 이 패턴 속에서 다른 식으로 제시되는 반복적인 실수를 발견할 수 있다. 이 갈등들을 명료하게 볼 때, 어떤 책임 있는 방향으로 좀 더 직접적인 행위를 할 수 있는 것이다. 꿈들은 전체로서의 정신에 기여하며 자아의 어떤 특별한 태도나 관점에 부차적으로만 반대할 뿐이다. 꿈이 이미 성취하려고 애쓰는 것을 앎으로써 깨어 있는 자아는 자신만의 위치에 접근해서 그렇게 하려는 의지가 있다면 더 깊은 과정에 참여할 수 있다. 깨어 있는 자아가 자기 삶의 과정을 마치 안내자인 듯 꿈에게 넘겨 주는 것은 아니다. 이는 흔한 오해다. 깨어 있는 자아는 꿈이 어떤 명확한 보상적인 역할과 건강한 정신에서의 자연스러운 기능을 가지기 위해서 자신의 위치를 아는 것이 절대적으로 필요하다.

위협적인 상황을 다루지 않을 수 없는 자아를 보여 주는 꿈은 특히 신경증적으로 지연된 발달을 가리킨다. 예컨대, 꿈속 자아에 다가감에 따라서 덜 위협적이게 되는 형상에 대한 꿈은 정신의 통합되지 않은 내용물을 대면하는 극도의 두려움을 강조한다. 자아가 성장해 가는 이 단계에서 영웅적 투쟁과 모험 가득한 여정이라는 원형적 이미지가 적용될 수 있다. 왜냐하면 미성숙한 자아는 두렵고 잠재적으로 위협적인 상황들을 직면하지 않고서는 성숙한 상태가 될 수 없기 때문이다. 신화와 설화에는 이 발달에 관련된 유사한 내용이 많이 있다. 특히 동화는 자아 발달 양상의 풍부한 보고이므로, 이 투쟁을 다루는 꿈들을 확충하는 데 이롭게 사용될 수도 있다. 또한 동화는 남성과 여성이 겪는 자아 발달의 다양한 형태를 가리키고 있다. 흔히 용처럼 극복되어야 하는 어떤 두렵고 퇴행적인 힘 혹은 늙은 왕 또는 질투심이 많은 계모 왕비 등과 같은 적대적이거나 게으른 부모 이미지가 있다. 게다가 자아보다 삶에 대한 자연스러운 지혜를 훨씬 더 많이 소유한 말할 줄 아는 동물처럼 도움을 주는 존재들도 있다. 말할 줄 아는 동물들에게 도움을 받는 꿈의 주제는 무의식이 자아의 과제를 도울 준비가 되었음을 가리킨다. 특히 그런 꿈들은 아주 좋은 예후를 보여 주는 신호다.

동화의 주제들이 그렇게 많다는 것은 미성숙한 자아가 발달해 가는 다양한 길이 매우 많음을 알려 준다. 모든 것이 영웅적 투쟁은 아니다. 어떤 경우에는 자아가 자신의 힘으로는 아무것도 할 수 없어서 외부의 구원을 기다려야만 하는 것을 보여 주는 동화도 있다. 이는 임상적으로 분석가나 치료 집단의 적극적인 노력과 지지의 역할이 더욱더 많아야 한다는 의미다. 더 많은 수용과 보호 덕에 내담자의 자아는 스스로를 위해 처음으로 독립적인 움직임을 할 것이라 기대할 수 있다.

한 사례를 보자면, 전통적인 여성의 역할을 지키면서 평생을 살아온 어떤 여성이 있었다. 그녀는 자기보다 나이가 적은 연하의 남성과 짧고도 불행하며 부적절한 관계를 가졌다. 이로 인해 우울증에 빠져서 심리치료를 받게 되었다. 그녀가 호전되기 시작하자, 동물이기도 한 어떤 이상한 꽃에 대한 꿈을 꾸었는데, 그 꽃은 어찌 보면 남성과 여성 모두를 가진 듯했다. 이 주제는 진아를 암시하는 (식물과 동물, 여성과 남성 등과 같이) 상반된 것들의 합일을 가리킨다. 그녀는 그 꿈을 그림으로 그렸고, 그 시점으로부터 계속적으로 더욱더 독립적인 인격을 발달시키기 시작했다.

또 다른 사례도 있다. 자기주장을 분명히 밝히기 시작한 어떤 여성이 있었다. 그녀는 비슷한 문제를 가진 다른 여성과 함께 커다란 방에 있는 꿈을 꾸었다. 그녀는 투사된 형태로 자신의 잠재적인 문제를 많이 가지고 있는 한 남성이 탁자에 앉아 일을 하는 꿈을 꾸었다. 그의 부인은 질투심에 이글거리면서 잔뜩 화가 난 채로 꿈속 자아에게 다가와서 통렬하게 욕설을 퍼부으며 비난했다. 꿈속 자아는 이런 장면 왼쪽에 있는 '붉은 왕'을 보고서 그 왕에게 네 마리 토끼가 수놓인 망토를 던졌다. 어찌 된 일인지는 모르지만 그녀 자신이 그 망토였다. 꿈은 그녀의 독립성(왕)이 토끼의 성질을 지닌 망토로 아직까지도 감추어져 있음을 가리킨다. 아마 토끼는 오래되었으나 지금까지도 버리지 않은 토끼와 같은 소심함을 상징하는 것 같다.

한 남성이 꾼 세 번째 사례를 살펴보자. 그는 (실제로는 죽은) 자기의 경비견이 살아서 자기에게 말하는 꿈을 꾸었다. 그 개는 정원에 있기보다는 집에 들어가게 해 달라고 했다. 이 꿈은 적절하게 공격적인 보호의 기능이 좀 더 통합되고 싶어 하는 것이다. 개의 특

성들은 전에는 불시에 터져 나오는 공격적이고 파괴적인 형태로만
나타난 적이 있었다.

자아의 상대화

신경증에서 나오는 움직임도 어떤 강한 자아의 상대화를 수반한
다. 발달된 자아는 개성화 과정의 첫 단계에서 벗어난 무의식적 매
트릭스를 다시 직면해야만 한다. 목적론적으로 말하자면, 그것은
마치 개성화 전 과정의 목적은 무의식이 출처로 알려지고 인식되
는 것과 같다. 결국 자아는 무의식에서 특수하게 분화된 산물이고,
그 위치는 의식이라는 장(場)의 중심과 같으며, 이는 전체로 존재하
는 정신의 중심인 자아의 원형적 틀인 진아에 비유될 수 있다. 이러
한 실현의 필요성을 가리키는 꿈의 이미지가 직면이라는 영웅적인
과제들을 표현할 것 같지는 않지만, 어떤 놀라운 방식으로 실재의
본성을 보여 줄 수 있다. 여기에는 연약한 자아 구조를 보상하고 있
지는 않지만, 현재의 신경증적인 갈등들에 대한 어떤 강한 역동적
관계 없이 그 나름대로 존재하는 진아의 상징을 포함하고 있다. 이
단계의 확충들은 동화보다는 종교적 전통에서 더 적절하게 발견될
수 있다. 하지만 개성화의 단계들 간에 어떤 명확한 구분이 없기 때
문에, 이 점에 있어서 모든 '규칙'은 가볍게 준수되어야 한다. 더욱
이 우리가 패턴을 말할 때 우리는 어떤 일반성을 말하는 것이다. 반
면, 현실의 어떤 사람에게 그 과정이란 늘 독특하며 훨씬 더 문제가

많다.

예를 들자면, 어떤 사람이 만다라를 닮은 도시를 꿈꾸었다. 그
도시는 자아의 선택에 따라 들어갈 수도 있고 아닐 수도 있다. 그
주제의 변형은 종종 대칭적 형태를 가진 거대한 크기의 건물이다.
혹은 세계의 생생한 본성에 대한 통찰이 있을 수도 있다. 이는 마치
하늘에서 살고 있으며 크기가 엄청나지만 성질은 부드럽고 위협적
이지 않은 머리가 여럿 달린 동물의 거대한 그물망을 보는 꿈에서
처럼 그렇다.

초기의 분화 단계에서 종종 꿈속 자아가 해야 하는 영웅적 행위
와 대조해서 보면, 자아의 상대화는 어떤 자아의 행위도 필요하지
않은 인상적인 꿈들을 수반할 수도 있다. 입문에 대한 이미지들이
나타나는 것은 자아가 또 다른 활동 단계로 들어가는 것을 가리킨
다. '자유롭게 행동하는' 꿈속 주제는 미해결된 문제를 가리키는데,
특히 말기 단계의 질병에서처럼 개성화에 필요한 시간이 도중에
끝나게 될 때 나타나는 경향이 있다.

개성화하는 자아

융 심리학은 매우 명료하게 자아의 상대적 본성이라는 의미를
파악하고 있다.[1] 대부분의 심리치료 체계는 친밀하고 사랑스러운

---

1) *Clinical Uses of Dreams*, pp.146–150.

관계를 이룰 수 있는 자아의 욕구를 적절히 더하거나 덜거나 하지만, 강하고 독립적인 자아의 발달에 더 중점을 둔다. 융 심리학도 이러한 목적에 가치를 두고 있다. 그러나 기본적인 삶의 과정이라는 개성화에 대한 견해를 가지고 있기 때문에 그 목적을 과도하게 강조하지는 않는다. 자아 정체성의 어떤 상태는 주위 환경이나 타인들에게 적응한다는 의미에서 얼마나 성공적인지 하는 것과는 별도로, 그 개인의 개성화 과정에 상대적인 것으로 간주된다.

자아의 자연스러운 경향은 스스로를 정신의 중심으로 생각한다는 것이다. 하지만 자아는 가상적인 의식 세계의 중심에 불과하며, 그 자체는 많은 원형적 가능성에서 생겨난 어떤 특별한 구조일 뿐이다. 자아는 유일한 한 명의 통치자만 존재하는 나라의 세습군주와 같다. 하지만 그는 자신의 왕국에서 일어나는 모든 것을 다스릴 수도 없고 현재 일어나거나 앞으로 일어날 일을 모두 완전히 의식할 수도 없는 군주다.

융 학파 분석의 목적은 치료를 통해 단지 적절하게 기능하는 자아를 구축하는 것에만 머물지 않는다. 자아가 구축되는 시기에 많은 내담자들이 분석을 그만두려고 선택한다. 이 시점은 신경증적 불행으로 인해 치료나 분석을 받고서 증상이 완화되는 때다. 그러나 무의식을 대상으로 한 작업이 신경증적 고통을 경감하는 것을 넘어서 진행된다면, 어느 사이엔가 이는 단순한 집단 의식의 기초에 대한 고려와는 매우 다른 수준에서 철학적 · 종교적 · 윤리적 문제를 고려하는 것이 된다. 단지 강하기만 한 자아에게는 단순한 결정 사항에 불과한 문제도 개성화하는 자아에게는 중대한 윤리적 관심이 될 수 있다. 왜냐하면 어떠한 것도 개성화 과정의 바깥에 존재하지 않기 때문에 결정을 위한 어떤 명확하고 이미 정해진 틀이란 있을 수 없기 때문이다. 선택을 할 때면 우리는 실현화될 수도 있는 다수의 '자신' 가운데서 하나의 자신을 선택하곤 한다.

이 직업을 선택하는가, 저 직업을 선택하는가 하는 문제는 의식적 선호의 문제일 것이다. 그러나 개성화하는 자아는 좀 더 중대한 결정을 한다. 사람들을 상대하는 것을 멀리하고 신경증적인 고립을 유지하도록 만드는 어떤 직업을 고려했던 한 남자의 사례를 들 수 있다. 그런 '얼버무리는' 직업 선택을 결정한 뒤에 그는 꿈을 꾸었다. 그는 죽은 줄 알았던 한 여성에게 이끌려 배(죽음의 배)에 오르는데, 꿈속 자아의 바깥에 있는 또 다른 인물에게 이를 저지당했다. 이와 비슷하게 계속 문을 두드리는 반복되는 꿈들은 꿈꾼 이의 삶에서 버려져 있다가 이제 자신의 말을 들어 달라고 계속 종용하는 내용물들을 상징한다. 하지만 그 시점에는 그 내용물이 실제로 무엇인지를 모른다.

자아의 상대적인 본성은 시간이 지나면서 나타나지만 꿈속 자아가 깨어 있는 자아와 맺는 관계의 미세한 구조에서 파악될 수 있다. 자아의 원형적 핵인 진아는 중심이 되는 성질을 가지고 있다. 하지만 진아는 불완전한 형성물을 좀 더 포괄적인 구조로 가져오기 위해 그것들을 파괴할 수도 있다. 이 원형적 배경은 자아가 주관성의 중심으로 가지고 있는 '나'라는 감각의 아래에 있다. 다른 콤플렉스들은 부분적인 인격들로 행위하고, 심지어는 많은 상황에서 볼 수 있는 것처럼 자아와 독립적으로 저 자신의 의지를 가지고 있다. 그러나 어떤 내용물이 자아와 관계를 경험할 때까지, 그것은 '나'라는 감각에 참여하지 않는다. 이는 자아가 페르소나와 그림자라는 정체성 구조와 맺는 관계에서 매우 확실하다. 페르소나는 자아와 통합될 때까지, 할 수 있거나 할 수 없는 어떤 역할을 느낀다. 그러나 새로운 자아 내용물들은 페르소나 역할의 경로를 통해서 들어올 수 있으며, 이후 자아 구조 자체의 일부분이 된다. 유사하게, 기존의 관점에서 그림자는 주위의 어떤 사람에 대한 비(非)자아의 투사로 나타난다. 나중에 그것은 고통스럽게 흡수되고 '나'의 잠재적 부분으로 경험되어야 한다.

꿈은 자아 콤플렉스의 미세한 구조를 관찰할 수 있는 매우 미시적인 장을 제공한다. 매일 행해지는 꿈의 보상들 속에서 우리는 수십 년간 지내 온 삶의 시간과 단계들을 넘어서 거시적인 모습으로 진행되어 왔던 자아와 진아(꿈을 만들어 내는 존재)의 똑같은 상호작용을 볼 수 있다. 그 임상적인 유용성과 더불어 꿈속의 삶과 깨어 있을 때의 삶에서 자아의 상대성에 대한 그러한 관찰을 한다면, 꿈이 깨어 있는 자아를 보상하는 배려와 올바른 태도를 음미할 수 있다. 그것은 현명하지만 편파적이지 않은 친구를 가진 것과 똑같다. 이 친구는 우리 대부분이 의심하지만 아직은 완전히 의식하지 못하는 '자기 자신'에 대한 것을 알고 있는 사람이다.

꿈속 자아와 깨어 있는 자아

꿈속 자아와 깨어 있는 자아 사이의 구조적 관계는 통치 체제를 지배하고 있는 구조적 관계와 유사하다고 상상할 수 있다. 자아는 유일한 지배자이지만, 전체로서의 정부에 필요한 다른 힘들의 행사에 의해 흔들릴 수 있다. 깨어 있는 자아는 개별 정신의 이름으로 행해지는 모든 것에 책임이 있는 대표자이며, 심지어는 사회에 법적인 책임을 가지고 있다. 그러나 꿈이라는 상태에서 깨어 있는 자아는 그 복잡성과 다층적인 실재 안에 존재하지 않는다. 대신에 꿈속 자아는 선택의 여지가 없는 꿈의 세계에서는 깨어 있는 자아와 같은 책임을 가지고 있음을 알고 있다. (깨어 있을 때의 세계처럼) 꿈의 세계에서 사람과 상황들은 자아가 마음에 들지 않아도 나타난다. 꿈의 과제들은 선택된 것이 아니라 **주어진** 것이다. 이는 마치 일상의 세계가 자아 바깥에 객관적인 실재를 가진 것처럼 그렇다.

꿈속 자아의 상황은 깨어 있는 자아라는 정부를 돕는 위원회 조직과 유사하다. 깨어 있는 자아는 대통령이나 왕이며, 꿈속 자아는 깨어 있는 자아가 있는 세계에 참여하는 구조의 일부분이 되는 의장이다. 하지만 '위원회'는 환상이 아니고 '꿈일 뿐'이다. 그것은 한 부분일지라도 깨어 있는 자아 구조 전체의 일부분이며, 이런 이유로 꿈속 자아의 행위(또는 행위의 부족)가 깨어 있는 자아 세계에 영향을 미칠 수 있다. 꿈속 자아 세계의 구조적 변화가 되는 행위들은 깨어 있는 자아에 의해서 여러 방식으로 깨어 있는 자아의 세계에

상속될 수 있다. 그러한 변화들을 경험하는 가장 흔한 방식은 깨어 있는 자아가 가지고 있는 정서적 상태의 변형이다. 즉, 우울증의 경감, 불안의 증가나 감소, 문제 상황에서 '올바른 결정'을 한다는 느낌 등이다.

깨어 있는 자아와 꿈 사이의 이런 대화는 꿈속 자아가 중재하며, 이는 자아와 진아 사이의 더 큰 대화 가운데 일부분이다. 진아는 꿈에 자주 나타나지 않고 나타난다고 해도 잘 알 수가 없다. 그것은 종종 눈에 보이지 않는 꿈의 구성자이며 명백한 정신의 힘이다. 이것은 꿈의 장면과 행위들을 배열하며 꿈속 자아에게 어떤 특별한 배역을 맡기는 힘이다. 하지만 이것은 꿈이 전적으로 꿈꾼 이에 의해서 경험되기 전에 형성된다는 뜻은 아니다. 꿈속 자아의 행위들은 그러한 행위 이후에 뒤따르는 것이 결정적인 것 같기 때문이다. 심적 외상의 특징을 지닌 반복되는 꿈에서조차, 꿈속 자아가 성공적이지는 못하지만 어떤 변화를 시작하려고 애쓰고 있다고 보는 것이 잠재적으로 좀 더 치료적이다.

개성화하는 자아는 꿈속 자아도 아니고 깨어 있는 자아도 아닌 바로 그 '자아'라는 것을 필연적으로 깨닫게 된다. 자아 중추, 즉 '나'라는 감각은 개성화 과정의 현재적이고 주관적인 기준점에 불과하며, 개성화 과정은 꿈속 자아의 경험에서 밤마다 일어나는 더 작은 상대화와 유사한 방식으로 시간을 거듭해서 깨어 있는 자아를 상대화한다.

이러한 통찰은 꿈 해석에서 실용적인 의미를 가진다. 자아의 상대성은 어떤 자아의 상태를 고정된 것으로 보는 것에 반대한다. 그래서 깨어 있는 자아에 의한 올바른 선택이라든지 그릇된 선택이라고 말하는 것은 적절하지 않다. 아주 넓은 법적이고 윤리적인 경계 안이라는 점을 제외하고, 깨어 있는 자아의 선택은 그것이 속한 세계의 배열에만 영향을 미칠 뿐이다. 즉, '옳거나 그른' 것이 아니라 '더 좋아하거나 더 좋아하지 않거나' 또는 '진정성이 있거나 진정성이 없거나' 하는 것이다. 페르소나나 그림자와 같은 정신의 다른 구조와 비교해서 자아의 상대성은 깨어 있는 자아가 미지의 정신 부분들의 행위를 통해 어떻게 영향을 받을 수 있는지에 대해 이해하게 해 준다. 예를 들면, 자아는 페르소나를 일시적으로 사용하면서 그 배후 속으로 매우 불필요하게 자신의 실재를 숨길 수 있을지도 모른다. 이는 페르소나와 병리적인 동일시가 아니라, 그 자신의 의지를 자율적으로 나타내는 것이다. 그리고 그림자의 무의식적인 측면들은 판단을 위해 명확하게 제시된다면 자아 자체가 무가치하게 생각할 수도 있는 행위와 태도를 깨어 있는 자아가 지니게 만들 것이다.

분석 상황의 일부분인 꿈 작업은 꿈속 자아와 관련해서 깨어 있는 자아에게 그 자체만의 상대성이라는 느낌을 부여한다. (부정적이거나 긍정적인 성질을 가진) 그림자가 나오는 꿈의 경험은 깨어 있는 자아가 기능하는 방식에 대한 극적인 제시와 더불어, 취약성을 지닌 깨어 있는 자아가 매우 가치 있는 자각을 하게 해 준다. 이러한 자각으로 무장을 하고서, 깨어 있는 자아는 좀 더 쉽게 자아의 팽창을 알아챌 수 있고, 정신의 다른 부분에 대한 동일시를 피하며, 과거에 타인들에게 했던 강한 정서적 반응들이 자신의 그림자나 아니마와 아니무스의 측면으로 결국 어떻게 '자업자득'으로 되돌아오는가를 기억하면서 투사의 결과들을 최소화할 수 있다.

초점을 맞춘 앎과 암묵적 앎

성공적인 임상적 작업은 최소한의 이론적 이해를 가지고 진행할 수 있지만, 임상적 상황을 전환하기 위해서는 적어도 골격이 되는 이론적 구조를 가지는 것이 유용하다. 자아의 상대성을 개념화하는 한 가지 방법은 철학자 마이클 폴라니가 한 인식론적 연구에서 만들어진 **초점을 맞춘 앎**과 **암묵적 앎**이라는 용어를 따르는 것이다.[2]

폴라니는 모든 지식의 구조는 '어디에서 어디로'라는 본성을 가졌다고 말한다. 우리는 좀 더 집중된 방식으로 다른 내용을 알기 위해서 어떤 내용을 암묵적으로 아는 것에 의지하고 있다. 예를 들면, 현미경이란 미생물이나 다른 물체들에 대한 집중적인 지식을 위한 (눈에 존재하는) 어떤 암묵적인 구조다. 폴라니의 결론은 무엇에 대해 객관적이고자 할 때는 개인적 전념이나 모험이라는 환원할 수 없는 요소가 있다고 강조한다. 우리가 어떤 편견도 없는 관찰자라면 동일한 결론을 내리게 되는 보편적인 의도와 확신을 가지고 실제적인 진술을 한다. 하지만 어느 정도는 우리가 보는 것뿐 아니라

---

2) M. Polanyi, *Personal Knowledge: Toward a Post-Critical Philosophy* (Chicago: University of Chicago Press, 1958).

먼저 관찰할 만한 가치가 있다고 선택한 것에 따라 결정된 개인적 관여가 없을 수 없다.

초점을 맞춘 앎과 암묵적 앎으로 구획한 부분들은 폴라니가 주장한 인식의 보편적 구조다. 그러나 그 내용물들은 변경될 수도 있다. 한 측면에 대해 암묵적이라는 것은 다른 측면에 대해서는 초점을 두는 것일 수 있기 때문이다. 지식의 암묵적 구획 부분은 무의식과 유사하지만, 정확히 상응하는 것은 아니다. 우리는 어떤 암묵적인 방식으로 어떤 것의 이용을 의식적으로 선택할 수 있기 때문이다. 이는 말이 그것이 지시하는 의미와 관련해서 암묵적으로 간주될 때처럼 그렇다. 비슷하게, 초점을 맞춘 앎은 의식의 장(場)과 유사하다. 그것은 의식에 앞서지만 일반적으로 의식적 자각의 빛으로 쉽게 도입될 수 있다.

이러한 개념들을 꿈속 자아와 깨어 있는 자아에 적용하면, 깨어 있는 자아는 꿈속 자아에게 초점을 두면서 나타나는 정신의 내용물들에 어떤 암묵적인 방식으로 의존하고 있다고 말할 수 있다. 깨어 있는 자아의 배경이 되는 자각의 부분으로 활동하는 콤플렉스(즉, 깨어 있는 자아의 암묵적 구조의 일부분)는 꿈속 자아와 관련된 꿈의 형상으로 의인화될 수 있다. 그런 다음 그 형상을 가진 꿈속 자아의 활동은 꿈을 꾼 뒤에 세계의 암묵적 자각이라는 그 나름의 의미로, 깨어 있는 자아가 의지하게 될 암묵적 구조를 잠재적으로 변경한다. 그래서 꿈속 자아의 활동은 깨어 있는 자아가 지닌 더 심층적인 과제인 개성화라는 동일한 과정을 꿈 세계로 확장하는 것이라고 개념화된다. 꿈은 꿈속 자아에게 깨어 있는 자아 구조의 선택된 측면들을 제시하는 하나의 상징 구조로 간주된다. 그러면 꿈속 자아와 깨어 있는 자아라는 양자의 관계는 자아 정체성의 초점과 암묵이라는 구획들 사이에서 행해지는, 매우 큰 도움을 주는 상호 작용으로 보인다.

분석가는 어떤 독특한 위치에서 꿈속 자아와 깨어 있는 자아 사이의 그러한 초점과 암묵의 변화를 관찰할 뿐 아니라, 이 과정에 대한 내담자의 자각을 촉진한다. 실로 이 관계를 충분히 알고서 꿈을 다루는 기술을 어느 정도 가지고 있을 때, 공식적인 분석 회기의 필요성은 사라지기 시작한다. 공식적 분석은 항상 적절한 어떤 시점에 끝을 맺지만, 분석을 통한 자각의 과정은 삶을 통해서 지속된다. 때때로 공식적 분석을 재개할 조짐이 보이거나 이를 바랄 때, 발달된 자아나 분화된 자아, 즉 자신의 상대성을 알고 있는 자아는 분석적 관계에서 꿈을 논의할 필요 없이 많은 꿈을 잘 이용할 수 있다.

11
꿈 해석의 두 긴장 관계

두 가지 긴장이 꿈 해석의 성공적인 이용에 지속적으로 등장한다. 첫 번째는 꿈 주제에 대한 객관적인 해석과 주관적인 해석 사이의 긴장이다. 두 번째는 꿈 해석의 특징과 전체 분석 과정의 특징이다. 즉, 이는 개인적 의미와 원형적 의미 사이의 긴장이다.

객관적인 것과 주관적인 것

융은 꿈의 이미지와 주제는 객관적으로든(깨어 있는 일상의 사람이나 사건들) 주관적으로든(꿈꾼 이의 정신 측면) 고려될 수 있다고 제시하면서, 실제적인 임상적 형식으로 고대 이래로 꿈을 연구할 때 전해 내려오고 있는 어떤 긴장 관계를 표현했다. 프로이트는 꿈이란 꿈꾸기 전에 자아에게 수용될 수 없는 깨어 있을 때의 생각이나 소망에 불과하다고 정식화함으로써 이 긴장을 축소하였다. 만일 경험된 '명확한' 꿈의 배후에 있는 '잠재적인' 꿈을 의식으로 완전하게 파악한다면, 그것은 꿈꾸기 전에 깨어 있을 때 억압되어 있던 생각에 불과한 것이다.

꿈의 객관적 의미와 주관적 의미 사이의 긴장은 꿈이 **항상** 꿈꾼 사람의 마음속에 주관적인 재현을 가리킨다고 생각함으로써 줄어들 수 있으며, 아마도 그렇게 하는 일은 아주 쉬울 것이다. 이러한 주관적인 의미들 가운데 어떤 것은 실제 외부의 사람과 상황에 대해 마음속에서 일어난 객관적인 재현이다. 이러한 관점에서 꿈은 외적인 경험에 영향을 미치는 사물들에 대한 내적인 재현만을 변화시키는 것이라고 간주된다. 왜냐하면 깨어 있는 자아는 깨어 있는 실재 상태에서 방향감각을 위해 어떤 암묵적인 방식으로 그러한 대상 재현에 의존하기 때문이다.

하지만 주관적인 것과 객관적인 것 사이의 긴장은 좀 더 심오하다. 꿈을 외적 실재의 관점으로만 보는 병적이지 않는 상태에서는 별 위험성이 없으며, 주관적 의미로만 제한을 하면 심리적으로 유익한 긴장이 사라지게 될 것이다.

깨어 있을 때의 경험과 꿈꿀 때의 경험은 원초적으로 상반된 것이 아니다. 전적으로 객관적인 '낮의 세계'와 뚜렷하게 대조되는 신비한 꿈의 세계는 없다. 깨어 있을 때의 의식적 경험과 꿈속의 경험은 **똑같이** 어떤 잠재적인 합일, 즉 개성화 과정의 신비스러운 성분들이다. 꿈들은 빠르게 스쳐 지나가지만, (훨씬 느리기는 해도) 깨어 있을 때의 삶의 '확고한' 실재다. 변화의 흐름 속에서 융이 개성화라고 부르는 바로 그 신비로운 과정이 나타날 수 있다. 여기에는 삶의 우여곡절에 따라서 그 어떤 범위나 방식으로든 한 개인의 독특한 잠재성을 실현하는 것이 포함되어 있다.

깨어 있을 때 개성화의 움직임이라는 '객관적' 존재는 항상 '논리적'이어야 하는 관점만을 따르는 것은 아니다. 이는 마치 동화에서 종종 위험에 빠진 공주를 구하는 사람이 반드시 공주보다 나이가 더 많거나 어른스러운 왕자는 아닌 것과 같다. 말하자면, 그것은 도움을 주는 동물처럼 어떤 비정통적인 방법을 사용하는, 실수투성이에 갈팡질팡하는 왕자의 어린 동생일 수도 있다. 어떤 일련의 꿈에서 그 움직임은 객관적인 삶의 상황으로 들어오거나 멀어질 수도 있다. 어떤 정해진 규칙은 없다. 개성화에 기여하면서, 꿈은 자아가 보통의 문화적 정체성 안에 자신을 확립하게 해 줄 수도 있다. 어떤 다른 시기에 꿈은 자아가 성공적으로 깨어 있는 삶에 적응하고, 좀 더 미묘한 의미와 과제를 가지고 거기에 직면하도록 독려할 수도 있다.

객관적인 것과 주관적인 것 사이의 긴장을 해소하는 마지막 방법은 느낄 수는 있으나 의식의 그물로는 전혀 규정될 수 없는, 융의 묘사에 따르면 정신의 신비한 '중심 주위를 빙글빙글 선회하는 것'이다. 연금술이 추구한 것과 심리학적으로 유사한 이 신비한 과정에서 자아는 상대화되지만 유약하지는 않고, 사건들은 실제적이지만 압도적이지 않으며, 꿈속의 이미지들은 안내자지만 주인은 아니다. 꿈은 문제 해결과 인격 발달이라는 통상적인 심리치료 과제들을 실천하는 도상에서 사용될 수도 있지만, 개성화 과정은 결국 꿈에 의해서 실행되고 촉진되는 것이다.

개인적인 것과 원형적인 것

개인과 원형이라는 상반된 것은 심리학적 개성화에 포함된 긴장을 보여 주는 또 다른 방법이다. 어떤 개인은 집단적인 것, 즉 일상생활의 외적 실재에 너무 깊이 파묻혀 있을 때, 꿈속에서 보편적이고 집단적인 이미지들을 발견함으로써 자유를 경험할 수 있다. 그러나 만일 원형적 이미지들의 어떤 걷잡을 수 없고 정신분열적인 혼란에 늘 먹이가 된다면, 안정된 자아의 관점을 성취함으로써 똑같이 자유를 경험할 수 있다.

가족이나 사회적 '실재들'의 과도한 구체화에 사로잡힌 신경증적인 사람들과 원형적 의미의 바다에 빠져 버린 정신분열적인 사람들은 삶의 개인적 영역이라 불릴 수 있는 곳에서 안식처를 찾는다. 개인의 역사는 의미와 지속성이라는 자신만의 더 깊은 느낌으로, 단지 객관적 자료와 외적 사건들로만 이루어진 사이비(似而非) 인격의 역사가 아니며, 오래된 의복처럼 다양한 역할이 걸려 있는 삶의 흔한 빨랫줄도 아니다. 외적 삶은 삶의 의미라는 주관적 지각에 어떤 변형도 없이 심오한 변화를 경험할 수 있다. 그러나 모든 분석가와 치료사는 내적인 주관적 상태가 본질적으로 완전히 새롭고 참신한 의미의 세계로 변형되는 동안, 외적 삶도 순탄하고 변함없이 진행되는 반대의 상황을 알고 있다.

깨어 있는 자아는 두 가지 똑같은 위태로운 원형적 배열들 사이에 존재한다. 융 심리학을 통해서, 우리는 깨어 있는 자아의 견고한 구조에 반대되는 집단 무의식, 즉 객관 정신의 원형적 영역을 생각하는 데 익숙하다. 하지만 집단 의식 세계의 원형적 기원을 생각하는 데는 덜 익숙하다. 그러나 내면과 외면의 경계에서 자아를 둘러싸고 있는 이 두 세계는 원형적이다.

집단 의식의 세계(인간의 역사)는 객관 정신에서 기원한 원형적 내용물들을 표현해 낸 특정한 개인들에 의해 형성된다. 많은 이가 이런 일을 하지만, 문화적 영향을 미치는 데는 실패한다. 그러나 어떤 이들은 문화와 사회에 특별히 준비된 반응을 일으키고, 다소 정도의 차이는 있을지라도 이를 변경시킨다. 문화적 제도 속에 고이 간직된 원형적 형태들은 집단 의식의 마음에 암묵적으로 갖추어진다. 그러나 어떤 원형적 형태가 문화적 제도 속에 파묻히는 순간, 그 제도는 그것을 낳아 준 바로 그 원형과 반대쪽에 놓이게 된다. 왜냐하면 단지 하나의 특정한 형태만으로는 원형적 가능성을 지닌 의미의 모든 범위를 담아낼 수 없기 때문이다.

사회적 수준에서 진실인 것은 개인의 정신에게도 진실이다. 실제 세상의 어떠한 개별적 어머니도 원형적인 위대한 어머니에 내재한 가능성의 모든 범위를 구현해 낼 수 없다. 그래서 마음속의 어머니 이미지는 어머니 원형의 담지자이면서 이를 제약하는 것이다. 바젤의 대성당에서 똥을 누는 신을 시각적 이미지로 본 융의 경험을 포함해서,[1] 모든 원형적 형태에 대해서도 마찬가지다.

　개별 자아는 (특히 외적인 삶의 과제에서 도피하는 수단으로 사용될 때) 집단 무의식의 원형적 이미지와 집단 의식과 문화의 제도에 구현된 원형적 이미지 속에서 길을 잃을 수 있다. 문제는 이러한 원형적 영역을 상대화할 수 있는 어떤 개인적 관점을 찾는 것이다. 하지만 이 영역들을 반대쪽에 두지 않고, 또한 하나를 참이라 보고 다른 것은 거짓이라 보지 않고, 깊은 변형의 과정이 일어날 수 있는 유일한 공간인 개인적 영역을 상실하지 않는 것이어야 한다.

　어떤 **심리적 중요성**도 개인 영역 바깥에서 일어나지 않는다. 커다란 소음과 격노, 역사적 변화의 엄청난 노도 등이 있을 수 있지만, 개별 정신은 안정된 유기적 균형에 이르려고 애를 쓰는 원형적 형태들을 맡아서 지키고 있는 유일한 존재(궁극적인 전달자)다. 이런 의미에서 개인 영역의 유지는 분석과 일상생활에서 가장 중요한 것이다.

　개인 영역의 붕괴는 분석에서 원형적 범위가 과도하게 강조될 때 발생한다. 이는 종종 어떤 원형적으로 왜곡된 전이와 같은 표시로 드러난다. 이를 테면, 분석가를 신이나 악마처럼 보는 것이다. 두 경우에 인간적인 상호작용이 중단된다. 또는 내담자가 분석 과정 자체를 평가절하하고, 정당이나 제도 종교와 같은 문화적으로 구현된 원형적 형태에서 안식처를 찾을 수 있다. 이러한 발달들은 비극적이다. 왜냐하면 분석적 상호작용이라는 변형의 장은 드물고

---

1) *Memories, Dreams, Reflections*, p. 56.

가치 있는 장소이기 때문이다. 어떤 이들에게 그것은 진실한 개인
적 영역을 찾는 유일한 희망이며, 자신만의 개성화 과정에 의식적
이고 신경증적이지 않은 참여를 위한 유일한 기회이기 때문이다.

　꿈은 돌봄과 임상의 기술로 사용될 때 개인의 영역을 유지하고
원형적 환원주의의 두 가지 형태를 피하는 가장 적절하며 신뢰할
수 있는 길잡이다.

12
간략한 정리

꿈은 정신의 삶의 자연스러운 부분이다. 이는 깨어 있는 자아가 가진 실재에 대한 왜곡된 모형을 보상하는 것을 통해 개성화 과정에 이바지한다.

꿈은 실제로 일어난 대로, 할 수 있는 한 거의 같게 기록되어야 한다. 깨어 있는 자아가 끼어드는 것은 금지되어야 한다. 깨어 있는 실재와 거의 근접한 꿈일지라도 종종 어떤 상징적인 미묘한 느낌을 가지고 있다.

꿈 주제를 확충할 때 개인의 연상은 늘 문화적이거나 원형적인 확충에 우선되어야 한다. 그런데 어떤 꿈은 개인의 영역을 넘어서는 초개인적 자료로 조명해야만 이해될 수 있다. 확충된 꿈은 꿈꾼이의 삶의 맥락에 굳건히 위치시켜야 한다.

꿈은 감별진단, 예후의 평가 등과 같은 임상적 관심 및 약 처방,

분석 시간의 빈도와 입원 기간 등과 같은 추가 지원에 대한 결정을 할 때 가치 있는 도움이 될 수 있다. 꿈은 분석의 환원적 양태 혹은 미래적 양태를 강조해야 할 때 길잡이가 된다.

일련의 꿈은 특정한 꿈에 대한 잘못된 해석을 바로잡는 데 도움이 된다. 완전히 정확한 주제들은 좀처럼 반복되지 않는다. 동일한 콤플렉스 주위로 관련된 이미지들이 매우 자주 무리를 지어 나타나는 편이다. 일련의 꿈에서 이미지와 주제들을 따르면 분석가와 내담자는 꿈이 더 진행하려고 하는 저변에 놓인 개성화 과정에 대한 특별한 이해를 얻을 수 있다.

꿈은 신경증 치료에 특히 유용하다. 신경증적 갈등은 종종 삶의 적절한 과제를 회피하는 증상을 띤다. 신경증에서 꿈은 이미 신경증적인 분열을 극복하려 하고 있다. 꿈은 자아가 신경증적인 대체물보다는 실제적인 삶의 과정을 다루도록 격려한다. 신경증의 치료에서 자아는 개성화라는 기본적 움직임을 직면하기 위해 되돌아간다. 이는 강한 자아의 발달과 진아에 의해 나타난 좀 더 완전한 전체성과 비교해서 부분적 본성을 가진 자아의 실현 등을 포함하고 있다.

꿈은 남용되거나 분명히 주의가 필요한 자료에서 분석 과정이 멀어지도록 유혹되지 않게끔 해야 한다. 아무런 꿈도 없을 때 분석은 가까이 있는 어떤 것으로도 진행될 수 있다. 여기에는 전이와 역전이 문제, 지난날들에 대한 검토, 일상생활의 사건들, 집단치료에서 생긴 일들, 모래놀이치료 등이 있다. 꿈은 그 과정에 기여하지만, 그 자체가 개성화 과정은 아니다.

책임 있는 꿈 분석은 객관적 의미와 주관적 의미 사이의 긴장 및 개인적 영역과 그것을 둘러싸고 있는 원형적 힘들 사이의 더 큰 긴장을 보존한다.

꿈은 그 기원이 개인적이지만 모호한 실재의 한 부분이고, 그 의미가 잉태되어 있으나 불확실하며, 깨어 있는 자아의 세계에서 그 운명은 우리 손에 놓여 있다. 만일 우리가 그것을 존경과 관심을 가지고 다루면, 그것은 우리에게 많은 면에서 도움이 된다. 만일 우리가 꿈을 무시하면, 그것은 어떤 식으로든 우리가 정신의 심층에서 연금술적 변형을 위한 작업을 하게끔 하고, 우리의 의식적 도움이 있든지 없든지 간에 개성화라는 동일한 목적을 추구하게끔 한다.

꿈은 배려하는 마음이 있지만 객관적인 어떤 미지의 친구에게서 온 메시지처럼 신비한 실체다. 손으로 쓴 글씨와 그 언어는 때때로 모호하지만, 우리의 궁극적인 안녕을 위하는 숨겨진 관심에 대해서는 어떤 의심의 여지도 없다. 그런데 이 궁극적 안녕은 우리가 자신의 목적이라고 생각하는 안녕의 상태와는 다를 수도 있다.

겸손이 필수다. 어떤 꿈도 완전히 이해될 수 없다. 미래의 사건과 미래의 꿈들은 완벽하게 완전한 해석일 것 같았던 것을 변형시킬 수 있다. 우리는 항상 꿈의 신비한 본성을 알아야 한다. 그것은 뇌와 마음, 의식과 무의식, 개인과 초개인의 삶 등에 대한 이해의 경계선에 존재하고 있다.

융 심리학 중요 개념

감각(Sensation): 네 가지 심리 기능 가운데 하나다. 신체 감각을 통해 즉
각적인 실재를 지각하는 기능이다.

감정(Feeling): 네 가지 심리 기능 가운데 하나다. 관계와 상황의 가치를
평가하는 합리적 기능이다. 감정은 정서와 구별되어야 한다. 정서는
어떤 활성화된 콤플렉스에 의한 것이다.

개성화(Individuation): 고유한 심리학적 실재를 의식적으로 실현하는 것
이며, 강도와 한계가 포함되어 있다. 이는 정신의 조절 중심인 진아
를 경험하게 해 준다.

그림자(Shadow): 의식적 자아가 거부하거나 무시하는 경향이 있는 부정
적일 수도 있으며 긍정적일 수도 있는 특성과 태도에 의해 특징이 부
여된 인격의 무의식적 부분이다. 꿈에서는 꿈꾼 이의 성별과 동일한
사람으로 인격화된다. 의식적으로 그림자를 동화하는 것은 보통 에
너지의 증대라는 결과를 보여 준다.

배열(Constellation): 어떤 사람이나 상황에 대해 강한 정서적 반응이 있을
때면 언제나 하나의 콤플렉스가 배열(활성화)되어 있다.

상징(Symbol): 본질적으로 모르는 것에 대한 최선의 표현이다. 상징적

사고는 단선적이지 않고 우뇌를 지향하며, 논리적이고 단선적이며 좌뇌 지향적인 사고를 보완한다.

세넥스(Senex, 라틴어의 "노인"): 나이를 먹어 감에 따른 태도와 연관해서, 냉소주의, 엄격함, 극도의 보수성 등을 의미한다. 긍정적인 특성은 책임감, 정돈, 자기규율 등이다. 균형이 잘 잡힌 인격은 청년(puer)과 노년(senex)의 두 극 안에서 알맞게 기능한다.

신비적 참여(Participation mystique): 프랑스의 문화인류학자 레비 브릴(Levy-Bruhl, 1857~1939)이 만든 용어다. 대상이나 개인들 사이의 원시적이고 심리적인 연관을 가리키며, 그 결과 강한 무의식적 유대가 생겨나는 것을 가리킨다.

아니마(Anima, 라틴어의 "영혼"): 남성 인격의 무의식적인 여성 측면이다. 꿈에서 창녀나 유혹하는 여자에서부터 영적 안내자(지혜, wisdom)의 범위에 걸쳐 있는 여성의 이미지들로 의인화된다. 에로스 원리다. 이런 의미에서 남성의 아니마 발달은 여성과 어떻게 관계를 맺는가에 반영된다. 아니마와 동일시는 변덕스러움, 우유부단, 과민함 등으로 나타날 수 있다. 융은 아니마를 생명 자체의 원형이라 부른다.

아니무스(Animus, 라틴어의 "정신"): 여성 인격의 무의식적인 남성 측면이자, 로고스 원리다. 아니무스와의 동일시는 여성을 엄격하고, 독선적이며, 비판적이게 만든다. 좀 더 적극적으로 보면, 여성의 자아와 무의식에 있는 창조적인 원천 사이에 다리가 되어 주는 내면의 남성이다.

연상(Association): 무의식적 관계들에 의해서 결정된 특정한 생각 주변의 연관된 생각과 이미지들의 자발적인 흐름이다.

우로보로스(Uroboros): 자기 꼬리를 먹고 있는 신비의 뱀이나 용이다. 자기 충족적이며 순환하는 과정으로서의 개성화와 나르시스적인 자기 도취의 상징이다.

원형(Archetype): 그 자체로 나타낼 수는 없으니, 그 결과는 무의식에서 원형적 이미지와 생각으로 나타난다. 집단 무의식에서 기원한 보편적 패턴이나 주제들이며 종교, 신화, 전설, 동화 등의 기본적 내용이다. 개인에게는 꿈과 환상으로 나타난다.

자아(Ego): 의식의 장(場)에 있는 중심 콤플렉스다. 강한 자아는 무의식의 활성화된 내용물들(즉, 다른 콤플렉스들)과 동일시하는 것보다는 그것들과 객관적으로 연결될 수 있으며, 소유의 상태로 나타난다.

전이와 역전이(Transference, Countertransference): 투사의 특별한 경우다. 보통 분석이나 치료 관계에 있는 두 사람 사이에 일어나는 무의식적이고 정서적인 유대를 설명하기 위해 사용된다.

직관(Intuition): 네 가지 심리 기능 가운데 하나다. 현재에 내재한 가능성들을 알려 주는 비합리적인 기능이다. 무의식을 통해 지각하며, 미지의 기원에 대한 통찰의 섬광이다.

진아(Self): 전체성의 원형이며 인격의 조절 중심이다. 자아를 초월하는 초개인적 힘, 즉 신(神)으로 경험된다.

초월적 기능(Transcendent function): 상반된 것들 간의 갈등이 의식적으로 분화되고 양자의 긴장이 유지된 후에 (상징이나 새로운 태도의 형태로) 무의식에서 출현하는 '제3의' 화해다.

콤플렉스(Complex): 정서적으로 가득 차 있는 생각이나 이미지들의 무리다. 콤플렉스의 '중심'에는 하나의 원형이나 원형적 이미지가 있다.

투사(Projection): 개인의 어떤 무의식적 성질이나 특성이 지각되어 외부의 대상이나 사람에게 반응되는 과정이다. 아니마나 아니무스가 실제의 여성이나 남성에게 투사되면 사랑에 빠지는 것으로 경험된다. 좌절된 기대는 투사를 거두어들여야 할 필요가 있음을 알려 준다. 실재로 존재하는 다른 사람들과 연결되기 위해서다.

팽창(Inflation): 정체성에 대해 비현실적으로 고양되거나 저하된 감각이다. 이는 의식이 무의식으로 퇴행한 것을 가리킨다. 자아가 너무 많은 무의식적 내용물들에 부담이 되어 분별 능력이 상실될 때 전형적으로 나타난다.

페르소나(Persona, 라틴어의 "배우의 가면"): 사회나 어린 시절 훈련의 기대에서 생겨난 사회적 역할이다. 강한 자아는 유연한 페르소나를 통해 외부 세계와 연결된다. 어떤 특정한 페르소나(의사, 학자, 예술가 등)와의 동일시는 심리학적 발달을 저해한다.

푸에르 아이테르누스(Puer aeternus, 라틴어의 "영원한 소년"): 청소년의 심리에 너무 오래 머물러 있는 특정 유형의 남성을 가리킨다. 일반적으로 (실제이거나 상징적인) 어머니에 대한 강한 무의식적 애착과 연관된다. 긍정적 특성은 변화에 대한 자발성과 개방성이다.

푸엘라 아이테르누스(Puella aeternus, 라틴어의 "영원한 소녀"): 푸에르 아이테르누스의 여성형이다. 아버지의 세계에 애착을 가지고 있는 특정 유형의 여성을 가리킨다.

참고문헌

*CW (*The Collective Works of C. G. Jung* (Bollingen Series XX). 20 vols. Trans. R. F. C. Hull. Ed. H. Read, M. Fordham, G. Adler, Wm. McGuire. Princeton University Press, Princeton, 1953–1979)

—"On the Psychology and Pathology of So-Called Occult Phenomena," in *Psychiatric Studies*, CW 1.

—*Experimental Researches*, CW 2.

—"The Psychology of Dementia Praecox," in *The Psychogenesis of Mental Disease*, CW 3.

—"Synchronicity: An Acausal Connecting Principle," in *The Structure and Dynamics of the Psyche*, CW 8.

—"Flying Saucers: A Modern Myth," in *Civilization in Transition*, CW 10.

—"Wotan," "After the Catastrophe," in *Civilization in Transition*, CW 10.

—"The Psychology of the Transference," in *The Practice of Psychotherapy*, CW 16.

—"The Tavistock Lectures," in *The Symbolic Life*, CW 20.

Edinger, Edward., "Psychotherapy and Alchemy," in *Quadrant* (Journal of the New York C. G. Jung Foundation), 11–15 (Spring 1978 to Spring 1982).

Hall, James A., *Clinical Uses of Dreams : Jungian Interpretation and*

Enactments (New York: Grune and Stratton, 1977).

Hall, James A., "Enantiodromia and the Unification of Opposites," in *The Arms of the Windmill: Essays in Analytic Psychology in Honor of Werner H. Engel*, ed. Joan Carson (New York: privately printed, 1983).

Jacobi, Jolande., *The Way of Individuation*, trans. R.F.C. Hull (London: Hodder and Stoughton, 1967).

Jung, C. G., *Face to Face*, BBC Production, 1961.

Jung, C. G., *Memories, Dreams, Reflections*, trans. Richard and Clara Winston, ed. Aniela Jaffé (London: Collins Fontana Library, 1967).

Polanyi, M., *Personal Knowledge: Toward a Post-Critical Philosophy* (Chicago: University of Chicago Press, 1958).

Rhine, Louise., *Hidden Channels of the Mind* (New York: Sloan, 1961).

Rhine, Louise., "Psychological Processes in ESP Experiences: I. Waking Experiences; II. Dreams," *Journal of Parapsychology 26*(1962); 88-111, 171-199.

Roffwarg, H.P., W.C. Dement, J.N. Muzio et al, "Dream Imagery: Relationship to Rapid Eye Movement of Sleep," *Archives of General Psychiatry 7*(1967).

Ullman, M., "An Experimental Approach to Dreams and Telepathy," in *Archives of General Psychiatry 13*(1966).

Ullman, M., S. Krippner and A. Vaughn, *Dream Telepathy* (New York: Macmillan, 1973).

von Franz, Marie-Louise., *Redemption Motifs in Fairytales* (Toronto: Inner City Books, 1980).

von Franz, Marie-Louise., *Alchemy: An Introduction to the Symbolism and the Psychology* (Toronto: Inner City Books, 1980).

찾아보기

인명

내용

저자 소개

제임스 A. 홀 박사(James A. Hall, M.D., 1934~2013)

텍사스 사우스웨스턴 의과대학(University of Texas Southwestern Medical School: UTSW)과 취리히의 융 연구소에서 수학하고 같은 대학에서 교수로 재직하면서 심리치료와 융 학파 분석가로 활동하였다.

미국 융 학파 분석가 협의회(Congress of the American Societies of Jungian Analysts)를 결성하는 데 주도적인 역할을 하였으며, 대학에서 교육을 하면서도 텍사스 댈러스 지역에서 융 학파의 치료 관점을 견지하는 심리치료와 정신위생 분야의 여러 단체를 만들어서 왕성한 활동을 하였다.

주요 저서는 『꿈의 임상적 사용(Clinical Uses of Dreams)』, 『무의식적으로는 기독교인(The Unconscious Christian)』, 『최면, 삶에 잠겨(Hypnosis, and Locked in to Life)』 등이 있다. 정신과 의사의 엄격한 합리성을 가지고 삶을 살았지만, 특이하게도 미국 마술사 협회(American Association of Magicians)가 수여하는 멀린 훈장(Order of Merlin)을 받기도 하였다. 또한 초상 심리학에 대한 관심이 커서 초상 심리학의 개척자인 라인 박사의 이름을 딴 J. B. 라인 재단(J. B. Rhine Foundation)의 이사로 재직하기도 하였다.

58세에 뇌졸중으로 쓰러진 이후 22년간 잠금 증후군(locked-in syndrome, 의식은 있으나 전신마비로 인해 외부 자극에 반응하지 못하는 상태)으로 고생하다가 2013년 1월 22일 생을 마감하였다. 몸을 쓰지 못하는 동안에도 시작(詩作) 활동을 하면서 투철한 융 학파 분석가답게 개성화의 길을 멈추지 않았다.

역자 소개

이창일(李昌壹, Lee Chang-il)
한국학중앙연구원 철학 박사
서울불교대학원대학교 심리학 박사
현 한국학중앙연구원 책임연구원
　한국주역학회 부회장
관심 연구 주제: 동아시아의 철학과 심리학적 유산에 대한 현대적 해석

〈주요 저서 및 역서〉
수치(저, 추수밭, 2021)
융의 적극적 명상(공역, 학지사, 2020)
까르마에토스 성격유형학(저, 하나의학사, 2019)
주역점쾌(저, 연암서가, 2016)
자연의 해석과 정신(역, 연암서가, 2015)
주역, 인간의 법칙(저, 위즈덤하우스, 2011)
정말 궁금한 예절 53가지(저, 위즈덤하우스, 2008) 등

융 학파의 꿈 해석 매뉴얼

Jungian Dream Interpretation:
A Handbook of Theory and Practice

2023년 1월 10일 1판 1쇄 인쇄
2023년 1월 20일 1판 1쇄 발행

지은이 • James A. Hall
옮긴이 • 이창일
펴낸이 • 김진환
펴낸곳 • ㈜**학지사**

　　　　04031 서울특별시 마포구 양화로 15길 20 마인드월드빌딩
대표전화 • 02-330-5114　　팩스 • 02-324-2345
등록번호 • 제313-2006-000265호

홈페이지 • http://www.hakjisa.co.kr
페이스북 • https://www.facebook.com/hakjisabook

ISBN 978-89-997-2786-3　93180

정가 15,000원

출판미디어기업 **학지사**

간호보건의학출판 **학지사메디컬** www.hakjisamd.co.kr
심리검사연구소 **인싸이트** www.inpsyt.co.kr
학술논문서비스 **뉴논문** www.newnonmun.com
교육연수원 **카운피아** www.counpia.com